Cornelia Zenner

Michaela Staleker

Beschreiben 1

Personen, Gegenstände, Bilder, Tiere

Klasse 5 bis 7

Inhaltsverzeichnis

Konzeption von Heft und CD

Liebe Kollegin, lieber Kollege

Anlässe, textsortenbezogene Schreibaufgaben anzubieten, finden sich im Rahmen des Deutschunterrichts durch Vorgaben der Bildungspläne, aber auch in der alltäglichen Praxis häufig.
Den vielfältigen Formen des Beschreibens kommt nach wie vor eine große Bedeutung zu. Sie begegnen uns in mündlicher und schriftlicher Form, sie informieren, erklären und belehren, sie dokumentieren und sie sind adressatenbezogen.
Die hier im ersten Band „Beschreiben 1“ vorgestellten Varianten – Personen-, Tier-, Bild- und Gegenstandsbeschreibung – unterstützen ein breites Unterrichtspektrum, in dem integrativ zu den Schreibfähigkeiten auch viele sprachliche und kognitive Kompetenzen entwickelt und gefördert werden:

- genaues Hinschauen, Beobachten und Erfassen
- Sensibilisierung der Wahrnehmungsfähigkeit
- Verwendung des Adjektivs als Wortart und als Satzglied „Attribut“ zur Veranschaulichung, genauen Wiedergabe und differenzierten sprachlichen Abbildung
- abwechslungsreicher Satzbau, der den Leser (Hörer) leitet
- Entwicklung der sinnlichen Ausdrucksfähigkeit und Schulung des bildlhaften Sprachgebrauchs
- Wortbildungen bei Nomen (Substantiven) zur Differenzierung
- Schulung der Begriffsbildung (Fachausdrücke, exakte Bezeichnungen)
- Strukturenerkennung und Ordnung, logischer Aufbau
- Wiedergabe des räumlichen Nebeneinanders, die Zuordnung von Einzelbeobachtungen zum Ganzen
- Wahrnehmung und Wiedergabe von Stimmungen und Deutungen (Bilder, Gemälde)
- erste Ansätze von Charakterisierungen
- Wirkung und Intention von Beschreibungen in literarischen Texten
- Fotos/Bilder (künstlerische und auch private) beschreiben und interpretieren

Der vorliegende Band und dessen zahlreiche Übungen auf der CD legen damit wichtige Grundlagen, die im zweiten aufgenommen, vertieft und erweitert werden.

Der Band „Beschreiben 2“ setzt sich mit „dynamischen“ Abläufen und Vorgängen auseinander. Die Palette der Anlässe für unterschiedliche Formen ist dabei sehr vielschichtig:

- Wegbeschreibungen (mündlich) erteilen, (schriftlich) erstellen
- Bedienungs- und Gebrauchsanleitungen verstehen und selbst verfassen
- Spielanleitungen (auch Lernspiele) untersuchen und eigene verfassen
- Bastelanleitungen
- Zaubertricks verstehen und vorstellen
- Versuchsbeschreibungen im naturwissenschaftlichen Unterricht festhalten
- Protokolle und Mitschriften verfassen
- Vorgehensweisen und Ergebnisse bei Sitzungen und Beratungen festhalten
- Unterrichtsschritte und -ergebnisse im Unterricht protokollieren
- Tätigkeiten und Erfahrungen während Sozial- oder Berufspraktika beschreiben

Der erste Band ist vorrangig für die Klassen 5–6 angelegt, während der zweite die Anforderungen der Klassenstufen 7–9 abdeckt. Das schließt nicht aus, einzelne Übungen und Schreibanlässe „umzustufen“.

Wir wünschen Ihnen viel Erfolg und Spaß bei der Arbeit mit diesem Heft und unseren Anregungen!

Cornelia Jenner Michaela Stabler

Die Seiten im Heft sind in gut kopierbaren Graustufen und abgestuften Brauntönen gehalten.
Wo immer Farbe das Lernen unterstützt, finden Sie die Arbeitsblätter, Übungen und Folien farbig auf der CD zum Ausdrucken als Folie oder zum Projizieren. In der Kopfzeile der Kopiervorlagen sind diese aufgeführt: z. B. „AS_Folie_Personenbeschreibung".

Auf der CD befinden sich zahlreiche Materialien zur Erarbeitung, Ergänzung und Ergebnissicherung.
Über ein Menü lassen sich die Dateien aufrufen. Ihre Verwendung wird auf den Lehrerseiten hier im Heft kommentiert. Parallel bezeichnen dort in den Marginalspalten und in den Kopfzeilen der Kopiervorlagen Symbole mit Dateinamen Speicherort und Dateiname.

Natürlich lassen sich ebenso die PC-Übungsdateien ausdrucken und „manuell" zum Üben verwenden.

Konzeption

Zu Beginn stehen die didaktisch-methodischen **Lehrerübersichtsseiten,** auf denen die Beschreibungseinheiten inhaltlich besprochen werden. Die Marginalspalte enthält passend zum jeweiligen Arbeitsschritt Hinweise auf entsprechende Materialien der Begleit-CD.

An den abgestuften Brauntönen erkennen Sie den jeweils möglichen Verwendungszweck der Kopiervorlagen im Heft.

Jede Sequenz beginnt mit einer **Übersichtsseite** zu den Merkmalen oder mit einer Zusammenfassung der jeweiligen Form.

Anschließend werden die Themen **Schritt für Schritt** eingeführt.

Sprachübungen und sprachliche Feinarbeiten unterstützen die Arbeit.

Jede Sequenz wird mit einer oder mehreren **Übungsaufgaben** beendet.

Die Dateien der Begleit-CD erscheinen in einer einheitlichen Farbgestaltung, was das Kopieren ohne Einschränkung der Lesbarkeit unterstützt.
Ihre Verwendung kann den Anregungen im Lehrerteil folgen, aber natürlich auch individuell angepasst und variiert werden.

Die CD enthält folgende Dateien und Ordner:

- **Arbeitsblätter** zum Ausdrucken
  AB zusätzliche Übungen und Materialien – auch zum Stationenlernen oder für Freiarbeit geeignet
- **Anschauungsmaterial**
  AS PowerPoint-Präsentationen, Bilder, Vorlagen, Spiele – auch zum Erstellen von Farbfolien und Klassensätzen (Laminieren)
- **PC-Übungsmaterial**
  PCÜ Aufgaben zur Bearbeitung am Computer oder zum Ausdrucken für weitere Arbeitsblätter; Texte als Arbeitsgrundlage
- **Bewertungsraster**
  BR verschiedene Bewertungskriterien, Schülerbewertungsbögen
- **Lösungen**
  LOES Lösungsdateien befinden sich jeweils in Unterordnern
  Dieses Lösungssymbol weist im Heft darauf hin, dass die CD zusätzlich eine Musterlösung zur Kopiervorlage im Heft enthält (Ordner „Loes_Heft").
- **Bilder** alle Bilddateien aus Heft und CD zum Projizieren oder farbigen Ausdrucken

Dateninhaltsverzeichnis der CD – Umschlagseite außen

Eine Beschreibung ist eine vorwiegend informierende, sachbetonte und wirklichkeitsnahe Darstellungsform. Um die Textsortenkriterien zu erfüllen, erfordert dies von den Schülern genaue Merkmalkenntnis, Sicherheit beim Aufbau einer Beschreibung, die Fähigkeit zur Differenzierung unterschiedlicher Beschreibungsformen wie auch ein sinnliches und differenzierend abbildendes Sprachvermögen.
Der Leser (Hörer) muss nachvollziehen können, welche Person gemeint ist, wie ein Gegenstand beschaffen ist, was auf dem Bild dargestellt und ausgedrückt ist, wie darin Stimmungen erzeugt werden.

Im verbundenen Deutschunterricht begleiten auch die Ausdrucksschulung, die Wortschatzerweiterung, die Förderung der sinnlichen Ausdrucksfähigkeit und Schulung des bildlichen Sprachgebrauchs die Entwicklung der Schreibkompetenzen.
Immer wieder gilt es, den Schülerinnen und Schülern zu vermitteln:

- Vertiefe dich ruhig in das zu beschreibende Objekt, lasse es auf dich wirken. Schaue es von allen Seiten an, berühre es (auch in Gedanken), fühle seine Beschaffenheit, wandere in Gedanken durch den dargestellten Raum, durch das Bild …
- Beschreibe so anschaulich, dass bei deinem Leser (Hörer) ein Abbild des Gegenstands, der Person, des Bildes entsteht. Wenn du bildlich beschreibst, entsteht beim Leser ein Bild in dessen Vorstellung.
  Ein Leser/Hörer sollte anhand deiner Beschreibung ein möglichst genaues Bild zeichnen können.

Begegnung mit Arten des Beschreibens (S. 13–16)

Wir verdeutlichen dem Schüler nun Situationen, in denen er mit Beschreibungen konfrontiert wird. Anlässe zum Beschreiben können anhand der ausgedruckten farbigen Übersicht „AS_Folie_Arten von Beschreibungen“ besprochen oder im Unterricht selbst gesammelt werden, z. B. durch Vorgabe der leeren Mindmap zum Ergänzen.

AS_Folie_Arten von Beschreibungen

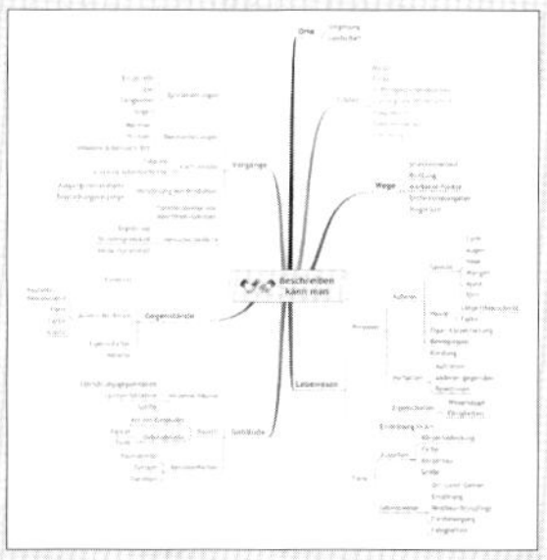

Vollständigkeit steht nicht im Vordergrund, sondern das Problembewusstsein, dass Beschreibungen wichtig und genau und nachvollziehbar zu gestalten sind.
Die Übersicht zu den Merkmalen einer Beschreibung (S. 13) ist hier am Anfang noch wenig detailliert, da in den einzelnen Kapiteln zu den bestimmten Beschreibungsarten deren formale und inhaltliche Aspekte noch einmal gesondert eine Rolle spielen werden. So kann sie zu Beginn der Arbeit als Grundwissen vorangestellt, sukzessive erarbeitet oder als Zusammenfassung des ersten Abschnitts und Basis für die weitere Arbeit verwendet werden (AS_Folie_Merkmale von Beschreibungen).

AS_Folie_Merkmale von Beschreibungen

Alternativ kann man sie in Gruppen auch als Lernplakat anfertigten, auf dem die wichtigsten Erkenntnisse zum Beschreiben im Laufe der Arbeit festgehalten werden. Dabei können die Merkmale gleich mit Beispielen aus dem Einführungstext zum „Kleinen Hobbit“ oder auch mit eigenen Beispielen untermauert werden.

Beschreibungen in der Literatur

Wir gehen in diesem Heft den Weg *vom anschaulichen Beispiel zum eigenen Text.* Dazu dient auch die vorangestellte Einheit zu Tolkiens „Der kleine Hobbit". An der berühmten Einleitungssequenz „In einer Höhle in der Erde, da lebte ein Hobbit" untersuchen die Schüler, was Beschreibungen bewirken (Kopiervorlage S. 14).

AB_Hobbit Spekulationen

Da nicht alle Schüler das Buch „Der kleine Hobbit" von J. R. R. Tolkien kennen, können Sie eine kleine Einführung in die Geschichte des Buches geben, um die Schüler neugierig zu machen (AB_Hobbit Spekulationen). Dabei werden Vermutungen darüber gesammelt, was in dieser Geschichte wohl noch alles beschrieben werden könnte.
Nach dem ersten Lesen des Textes und Markieren von beschreibenden Passagen kreuzen die Schüler an, welche Angaben sie gefunden haben (S. 15).
Gleichzeitig wird erfahren, dass Beschreibungen auch vielfach literarische Texte bereichern und lesenswert gestalten. Dies sollte auch in eigenen Erzählungen geschehen!
Anschließend werden gemeinsam die sprachlichen und inhaltlichen Möglichkeiten von Beschreibungen erkundet (S. 15/16). Dazu werden aus dem Text entsprechende Textstellen ausgewertet und in die vorbereiteten Schemata zur Gebäude- und Personenbeschreibung eingetragen. Diese informieren über die Hobbithöhle und die Hobbits.

AS_Kommunikationsspiele Beschreibung

In der Datei „AS_Kommunikationsspiele Beschreibung" stellen wir einige Kommunikationsspiele vor, mit denen anhand interessanter Bilder oder Gegenständen das anschauliche Beschreiben motivierend geübt werden kann.
Diese Spiele vermitteln vertiefend auch den Sinn von Beschreibungen.

Sinnesschulung – Aktivierung und Erweiterung des Wortschatzes (S. 17–19)

AS_Wahrnehmungsübungen

Auf den Seiten 17–19 und in „AS_Wahrnehmungsübungen" stellen wir Möglichkeiten der Sinnesschulung vor, die einerseits das aufmerksame, möglichst viele Sinne umfassende Wahrnehmen und Beobachten schulen, andererseits auch den passiven Wortschatz aktivieren und diesen erweitern können.
Solche „Wahrnehmungsparcours" lassen sich bei allen Beschreibungsformen immer wieder in verschiedenen Formen integrieren.
Wortschatzarbeit, Ausdrucksschulung und die Anwendung der angemessenen sprachlichen Formen des Beschreibens werden bei den einzelnen Beschreibungsarten jeweils explizit aufgegriffen. Ergänzend stehen weitere Übungen in Dateiform, die natürlich flexibel auch in den anderen Einheiten eingesetzt werden können, zur Verfügung:

- Wortfelder (Verben, Adjektive, Nomen/Substantive)
- Verbformen (Passiv, Partizip II bei „man", Modalverben)
- Relativsätze
- Verwendung und Schreibung des Infinitivs mit „zu"
- Konjunktionen und Adverbien zum Ausdruck von Bedingungs- und Zeitgefügen (PCÜ_Konjunktionen; AB_Konjunktionen)
- Schülerarbeiten als Muster oder zum Überarbeiten und Ergänzen zu allen Einheiten

PCÜ_Konjunktionen

AB_Konjunktionen

Die Personenbeschreibung (S. 20–26)

„Die“ Personenbeschreibung gibt es nicht. Es kommt immer auf den Kommunikationszweck an, für den sie benötigt wird. Ein Suchplakat z. B. beschreibt straff und knapp, hebt wesentliche Merkmale hervor; in literarischen Texten werden Stimmungen und Charaktereigenschaften betont.
Die Personenbeschreibung wird über die Erklärung wesentlicher Merkmale einer Person und deren Unterscheidung eingeführt (Kopiervorlage S. 20 und als Farbfolie „AS_Folie_Personenbeschreibung“):

- äußere Merkmale (was man sehen kann)
- und innere Merkmale (was man beobachten, erkennen, spüren kann).

Dabei wird zunächst vom ersten Eindruck ausgegangen, und dann widmet man sich der Erarbeitung der Details (S. 20).

AS_Folie_Personen-beschreibung

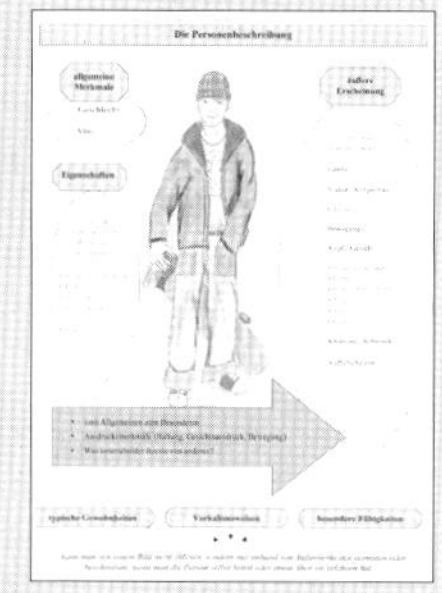

An der Wortschatzerweiterung bezüglich der Personenbeschreibung muss intensiv gearbeitet werden, da das Repertoire an geeigneten Bezeichnungen hierfür oft unzureichend ist. Dies gilt insbesondere für

- Körpermerkmale, Statur
- Kopf, Gesicht
- Kleidung, auch Farben

Entsprechende Begriffe und Farbvorstellungen können im Internet, mit Duden bzw. Wörterbuch oder am „lebenden Objekt“ erarbeitet werden, um sie anschließend bei den Beschreibungen zu verwenden.

Bei Personenbeschreibungen kommt der Verwendung von Adjektiven eine entscheidende Rolle zu. Die Merkmale des Kopfes und des Gesichtes als auch des Körpers werden auf den Seiten 21/22 intensiv thematisiert, der Wortschatz zur Differenzierung aktiviert und erweitert.
Das detaillierte Beschreiben der Gesichter auf S. 22 kann auch so durchgeführt werden, dass die Schüler unterschiedliche Gesichter bekommen und diese beschreiben. Drucken Sie dazu die Datei „AS_Folie_Gesichter“ aus, teilen Sie die Bilder auf und verwenden Sie eine Folie als Kontrollmöglichkeit.

AS_Folie_Gesichter

Die Datei „AB_Adjektive1“ übt vertiefend die Bildung von Adjektiven mit Hilfe von Suffixen durch Ableitung aus anderen Wortarten.
Die Datei „AB_Adjektive2“ enthält ein Kreuzwort- und ein Silbenrätsel zur Erweiterung des Wortschatzes für die Personenbeschreibung.

AB_Adjektive1

AB_Adjektive2

Durch das Erstellen einer Wörterübersicht am PC (PCÜ_Personenbeschreibung Kleidungsstücke) werden differenzierte Bezeichnungen für Kleidungsstücke zusammengetragen und so ein gutes Arbeitsmaterial für anschließende Personenbeschreibungen erarbeitet.
Dies gilt auch für die Übung „PCÜ_Kleidungsstücke“. In dieser werden das genaue Bezeichnen von Kleidungsstücken und die Verwendung von Adjektiven, die Farben und Formen bezeichnen, geübt.
Wie alle PCÜ_Dateien lassen sich diese auch als „analoges“ Arbeitsblatt ausdrucken und bearbeiten.

PCÜ_Personen-beschreibung Kleidungsstücke

PCÜ_Kleidungs-stücke

AS_Spiel_Personen-beschreibung1

AS_Spiel_Personen-beschreibung2

Spiele zur Personenbeschreibung

In die Übungsphase können auch die beiden Trainingsspiele im Ordner „AS" (Anschauungsmaterialien) einbezogen werden, die Sie zum Ausdrucken auf der CD finden:
„AS_Spiel_Personenbeschreibung1"; „AS_Spiel_Personenbeschreibung2"
In die Körpergrafik in „AS_Spiel_Personenbeschreibung1" werden Personen gezeichnet, die aus vorgegebenem Wortmaterial „gestaltet" wurden.
„AS_Spiel_Personenbeschreibung2" ist ein *Beschreibungs-Rommé,* bei dem vorgegebene Personen zu beschreiben sind.
Beide Spiele lassen sich durch andere Wortvorgaben und Bilder (auch zu Tieren oder Gegenständen) variieren. Lassen Sie die Schüler die Spiele selbst herstellen, was die Wortschatzbildung und die Beschreibungsgenauigkeit im Wettstreit ungemein stärkt!

AS_Spiel_Adjektive Steigerung

PCÜ_Steigerung Adjektive

Unterstützen kann man die Arbeit mit einem kleinen Steigerungsspiel, das Sie ausdrucken und als Klassensatz in entsprechender Anzahl laminieren können (AS_Spiel_Adjektive Steigerung).
Mit „PCÜ_Steigerung Adjektive" kann das Üben der Steigerungsformen des Adjektivs integriert werden. Die Kontrolle erfolgt durch Ausdrucken/Projizieren der Lösungsdatei „Steigerung Adjektive_Loes" im Lösungsordner oder durch Partnerkorrekturen bzw. Tauschen von PC-Arbeitsplätzen.

Satzbauschulung in Schreibaufgaben

Personenbeschreibungen leben von flüssigen Formulierungen, abwechslungsreichen Satzmustern und Überleitungen:
hier und da ins Bläuliche übergehend; die Augen verraten; auf den ersten Blick; man könnte vermuten …

Zum Vertrautmachen mit solchen Wendungen stellt die Kopiervorlage auf S. 23 eine Auswahl zur Verfügung.
Diese wird in den ersten eigenen Schreibversuchen hilfreich sein für die sprachliche Gestaltung und Formulierung von Satzverknüpfungen.

AS_Folie_Figuren

AB_Musterbeschreibungen Figuren

Die Übungsphasen werden bis zu umfangreichen, detaillierten Personenbeschreibungen erweitert. Die Vorlage auf S. 24 bietet einige Figuren dazu an (auch als Folie zur gemeinsamen Vorbesprechung: „AS_Folie_Figuren"). Die erarbeiteten Merkmale der Personenbeschreibung werden angewendet. Alternativ lassen sich andere Fotos verwenden und so auch das Charakterisieren bekannter Menschen üben. (Übrigens: Popstars sind dazu ideal geeignet und führen zu fruchtbaren Debatten!)
In „AB_Musterbeschreibungen Figuren" finden Sie passend zu den Abbildungen sieben Schülerarbeiten. Die bereitgestellten Schülerbeispiele können in Partnerarbeit untersucht werden. Die Muster sind ohne Absätze gesetzt, sodass in die Aufgabenstellung das Einfügen sinnvoller Gliederungsabschnitte aufgenommen werden kann.
Es bietet sich an, nicht alle zu verwenden, damit Sie das ein oder andere Beispiel auch in einer Kontrolle einbauen können.
Entdeckte Schwachstellen sollen hierbei gefunden und verbessert werden. Dabei können mehrere Pärchen dasselbe Beispiel untersuchen und ihre Verbesserungen anschließend zu einer neuen Beschreibung zusammengefügt werden.

Die beigefügte Lösungsmatrix gibt Ihnen einen Überblick über die Schwächen oder Stärken der einzelnen Beispiele und kann so für Ihre Auswahl hilfreich sein. Zum Abgleich von Schülerergebnissen kann sie natürlich auch herangezogen werden.

Eine komplexe Übung ist der Text auf S. 25, mit dessen Hilfe das Strukturbild auf S. 26 ausgefüllt werden soll, und zwar nach dem Markieren im Text. Nach dieser Vorlage könnten weitere Schreibversuche gewagt werden, bei denen gilt: Beschreibe einen Freund, eine Freundin; einen Elternteil humorvoll und fair!

Des Weiteren finden Sie auf der CD unterschiedliche Aufgaben, die an der Lebenswirklichkeit der Schüler orientiert sind, z. B. Lieblingsstars aus unterschiedlichen Bereichen beschreiben (AB_Personenbeschreibung Lieblingsperson).

AB_Personen-beschreibung Lieblingsperson

Tierbeschreibung (S. 27–33)

Eine Tierbeschreibung orientiert sich an ähnlichen Merkmalen wie die Personenbeschreibung. Sie werden gleich am Beispiel des Löwen gesammelt und thematisiert (S. 27). Man konzentriert sich auf die Merkmale Tierart/-gruppe, Aussehen, Lebensraum und Lebensweise. Mit Hilfe der Textsammlung über Löwen (S. 28) können die Schüler diese Merkmale herausfinden und in die Tabelle an entsprechender Stelle eintragen (S. 27). Aufgrund der Informationsfülle und der daraus resultierenden erforderlichen Sondierungstätigkeit der Schüler, muss auf die erlernten Texterschließungstechniken hingewiesen werden.

Da Haustiere zur Lebenswirklichkeit eines Großteils unserer Schüler gehören, sollte der Schwenk von den Raubtieren zu eben diesen schon in der zweiten Arbeitsphase passieren (S. 28), damit auch die Beschreibung von einem bekannten Tier vorbereitet werden kann. Auf diese Art und Weise können die vier allgemeinen Merkmale noch etwas spezifiziert werden, was wiederum dienlich für eine möglichst detailgetreue und umfassende Tierbeschreibung ist.
Am Beispiel der Katze (S. 30) werden Differenzierungskriterien untersucht und ausgewertet, damit man auch Vergleiche anstellen kann. Die farbige Projektion der „AS_Folie_Katzen" erleichtert diese Arbeitsphase.

AS_Folie_Katzen

Gerade bei der Tierbeschreibung tauchen Wörter immer wieder auf. Um ihre ständige Wiederholung zu vermeiden, wird die Arbeit an genau diesen Wortfeldern forciert. Eine Partnerarbeit am PC erhöht die Motivation hierzu (PCÜ_Tierbeschreibung Wortfelder).

PCÜ_ Tierbeschreibung Wortfelder

Auch lässt sich in dieser Einheit eine Wertevermittlung realisieren, wenn man nicht nur die Lieblingshaustiere, wie z. B. die Katze (S. 30; AB_Tierbeschreibung Katze), beschreiben lässt, sondern diese Beschreibung einbettet in die Überlegungen zu einer Tieranschaffung (S. 31; AS_Folie_Tieranschaffung). An dieser Stelle bietet sich das Erstellen einer PowerPoint-Präsentation an, um nicht nur das Beschreiben im schriftlichen Bereich, sondern auch im Gestalten (PCÜ_Tierbeschreibung) oder Präsentieren, also im mündlichen Bereich, bewusst zu machen. Gleichzeitig inkludiert man die Arbeit am PC, für die das Beschreiben hervorragend geeignet ist.

AB_Tierbe-schreibung Katze

AS_Folie_ Tieranschafftung

PCÜ_ Tierbeschreibung

Die Bildbeschreibung

PCÜ_Hundeplan

PCÜ_Hundepflege

AB_Tierbeschreibung Drache

Im Zuge der Problematik „Tieranschaffung“ können die Schüler in Partnerarbeit am Computer Tabellen erstellen, die für die Präsentation der Ergebnisse zur Tierhaltung eingesetzt werden können (S. 32–33) (PCÜ_Hundeplan; PCÜ_Hundeflege).
Und damit die Fantasie nicht zu kurz kommt, sollten natürlich auch Fantasietiere oder Fabelwesen beschrieben werden können (AB_Tierbeschreibung Drache).

Die Bildbeschreibung (S. 34–44)

AS_Folie_ Bildbeschreibung1

Die besondere Qualität der Bildbeschreibung liegt vor allem in der Wiedergabe von Eindrücken sowie der Beschreibung von Stimmungen.
Wir gehen hier von einem Landschaftsbild aus (S. 34; AS_Folie_Bildbeschreibung1), welches den Vorteil hat, dass man sich über die Erfahrungswelt der Schüler nähern kann. Um den Eindruck des Bildes zu steigern und auch die Wirkung der Farben zu berücksichtigen, drucken Sie es als Farbfolie aus oder projizieren es über den Beamer. Nachdem der erste Eindruck formuliert wurde, erfolgt das Erarbeiten wesentlicher Inhalte von Bildbeschreibungen im mündlichen Gedankenaustausch.
Darüber hinaus geht das anschließende detaillierte Festhalten von allem, was man auf dem Bild sehen kann (S. 35).

Von diesen Beobachtungen gehen wir zur Wiedergabe von Stimmungen über, was an die entsprechende Wortschatzarbeit, z. B. den Einsatz von Wortfeldern, gekoppelt ist (S. 36). Nun können auch Vergleiche gezogen werden zum Anfang der Einheit, als die Schüler ihren ersten Eindruck zum Bild auf S. 34 wiedergeben sollten. Entscheidend ist, darauf zu achten, welche Wirkung gezieltes Wortmaterial hierbei erreichen kann.
In engem Zusammenhang hiermit steht die Formulierung von Einleitungs- und Schlusssätzen solcher Beschreibungen. Anregungen und eigene Entscheidungsmöglichkeiten finden die Schüler hier (S. 37).

AS_Folie_ Bildbeschreibung2

Die Schrittfolge zum Erstellen einer Bildbeschreibung (S. 38–40) absolvieren die Schüler anhand eines Bildes, das in einer Grundschule auf dem chinesischen Land in der Provinz Qinghai aufgenommen wurde. Es zeigt Kinder einer zweiten Klasse beim Leseunterricht (AS_Folie_Bildbeschreibung2). In dieser Sequenz liegt das Augenmerk auf dem umgehenden Formulieren von Beobachtungsergebnissen, die am Ende zu einer kompletten Beschreibung zusammengefügt werden. Es ist ratsam, die Schrittfolge sukzessive gemeinsam durchzuführen, das erleichtert den Schülern die Übertragung der Kenntnisse auf andere Bilder, die sie eigenständig beschreiben werden.

Parallel zum Erarbeiten werden die Farbvorlagen der CD projiziert (Beamer, Folie).

AS_Folie_ Landschaft

AB_Gebäudebeschreibung Schwarzwaldhaus

Eingeschlossen in die Einheit Bildbeschreibung haben wir die Beschreibung von Gebäuden (S. 41), da diese oft auf der Grundlage von Bildern erfolgt.
Natürlich kann man zunächst Gebäude aus der unmittelbaren Umgebung der Schüler beschreiben lassen (z. B. Schule, Wohnhaus, Clubhaus). Reizvoll sind aber auch Gebäude und Landschaften aus anderen Regionen Deutschlands, Europas und der Welt. Das Heft enthält dazu ein idyllisches Landschaftsbild (S. 42), das als Farbfolie „AS_Folie Landschaft“ eine gelungene Beschreibungsvorlage liefert. Auf der CD bieten wir diesbezüglich die Datei „AB_Gebäudebeschreibung Schwarzwaldhaus“ an, welche die Beschreibung eines Schwarzwälder Eindachhauses enthält, nach der die Schüler eine Zeichnung dieses Hauses

anfertigen sollen. Mit Hilfe der entsprechenden Lösungsdatei können die entstandenen Ergebnisse dann verglichen werden. Außerdem finden Sie auf der CD das des Eingangs zu einer religiösen Stätte in China (AB_Chinesischer Torbogen) zum Üben von Gebäudebeschreibungen.

AB_Chinesischer Torbogen

Wir halten es im Hinblick auf die Fächerverbindung zu Kunst für wichtig, auch Gemälde zu beschreiben. Hierzu haben wir eines von Pieter Brueghel ausgewählt, das eine Vielzahl unterschiedlicher Personen inklusive ihrer Beschäftigungen zeigt (S. 43; AS_Folie_Brueghel). Für das Training zum mündlichen oder schriftlichen Beschreiben dienen zwei Gemälde mit Kindern als Hauptmotiv (S. 44; AS_Folie_Kinder).

AS_Folie_Brueghel

AS_Folie_Kinder

Den Abschluss dieser Einheit könnte ein Spiel bilden, mit dem eigene Bilder beschrieben, wiedererkannt und dazugehörige Beschreibungen auf ihre Genauigkeit hin untersucht werden können (AS_Spiel_Bildbeschreibung). Die entsprechenden Kärtchen müssen dazu in ausreichender Zahl kopiert werden.

AS_Spiel Bildbeschreibung

Die Gegenstandsbeschreibung (S. 45–49)

Die Einführungsseite zur Gegenstandsbeschreibung (S. 45) eignet sich zur Herstellung einer Klapp- oder Beschreibfolie (AS_Folie_Gegenstandsbeschreibung), anhand derer die Merkmale von Gegenstandsbeschreibungen besprochen, erarbeitet, ergänzt, gegenübergestellt und bewusst gemacht werden können.

AS_Folie_ Gegenstands- beschreibung

Ausgangspunkt für die Erarbeitung der Gegenstandsbeschreibung sollen Sitzgelegenheiten sein (S. 46–47). Die Vielzahl derer ist Schülern vielleicht bekannt, aber bestimmt nicht bewusst, wenn sie die Begriffe „Stuhl“ oder „Sessel“ verwenden. Deswegen steht die Sammlung allgemeiner und besonderer Merkmale an erster Stelle (S. 46). Mit Hilfe der Datei „AB_Sitzgelegenheiten“ lernen die Schüler erste Beschreibungsmöglichkeiten kennen, die dazu dienen, Gegenstände der gleichen Art voneinander zu unterscheiden. Die darin enthaltenen einzelnen Beschreibungen werden aufmerksam gelesen. Die Schüler vermerken sich, um welchen „Stuhl“ es hier nicht gehen kann, weil die entsprechenden Beschreibungen nicht zutreffen. Analog dazu sollen die Schüler dann selbst Sätze schreiben, die die Auswahlmöglichkeiten der angebotenen Sitzgelegenheiten anhand bestimmter Merkmale weiter einschränken, bis vielleicht wieder nur noch eine übrig bleibt. Die Bereitstellung der Bilder als Farbfolie „AS_Folie_Sitzgelegenheiten“ erleichtert die Arbeit. Um Informationen schließlich auch zu ordnen, können die Schüler die Datei „AB_Gegenstandsbeschreibung Reihenfolge“ verwenden, die wiederum auf die Sitzgelegenheiten bezogen ist.
Weitere Möglichkeiten für eine Menge ähnlicher Gegenstände könnten z. B. Knöpfe, Tische, Lampen, Vasen, Spielzeugautos oder auch Uhren sein.

AB_ Sitzgelegenheiten

AS_Folie_ Sitzgelegenheiten

AB_Gegenstands- beschreibung Reihenfolge

Bei der Gegenstandsbeschreibung sind auch genaue Substantive zur Benennung wichtig. Die Schüler merken beim Zusammensetzen von Silben und Wörtern, dass eine treffende Bezeichnung oft schon genaue Hinweise auf das Aussehen eines Gegenstandes gibt und ein ziemlich detailliertes Bild im Kopf entstehen lässt (S. 47). Dieses Bild kann durch Anwendung von Vergleichen noch konkretisiert werden. Formulierungshilfe für solche Vergleiche bietet die Datei „AB_Gegenstandsbeschreibung Vergleiche“. Als Ergebnis entstehen für alle Sitzgelegenheiten genaue Beschreibungen. Wenn zu jeder mehrere Schülerarbeiten angefertigt werden, lassen sich diese in einer „Schreibkonferenz“ vergleichen und überarbeiten.

AB_Gegenstands- beschreibung Vergleiche

Die Gegenstandsbeschreibung

Bei einem „Museumsrundgang“ können die Schüler die entsprechenden Nummern der Sitzgelegenheiten von S. 46 an die entsprechenden Beschreibungen heften.

Die Vorstellungskraft der Schüler in Bezug auf Formen, die Gegenständen eigen sein können, sollte auf jeden Fall geschult werden. Zunächst werden Form-Adjektive vorgegeben, mit denen Schüler/-innen Gegenstände suchen, die diese Form besitzen (S. 48). Das Zeichnen unterstützt die Wortbildung und bereitet die Beschreibung der Muttertagsvase vor. Anstelle einer Vase in ihrem Formenreichtum können aber auch Gebrauchsgegenstände der Schüler, wie z. B. MP3-Player, zum Beschreiben verwendet werden. Allerdings wäre es schön, wenn man die gefundenen Formen und Begriffe an vorhandenen Objekten demonstrieren und veranschaulichen würde. Wir verweisen auf die guten Erfahrungen mit Wahrnehmungsübungen, die wir auf den Seiten 17–19 vorstellen. Die Vorgehensweise „Uhren ertasten“ (S. 17) bringt auch mit anderen kleineren Gebrauchsgegenständen (MP3-Player, Handy ...) überraschend gute Ergebnisse.

AS_Folie_Taschen

AS_Spiel_Taschen

Übungsobjekte als Ausgangspunkt für Gegenstandsbeschreibungen sind unbegrenzt vorhanden und sollten sich natürlich am Alter, den Interessen und dem Lebensumfeld der Schüler orientieren. Von Taschen (S. 49; AS_Folie_Taschen) über Sportgeräte bis zu Gebrauchsgegenständen ist alles sinnvoll. Auch Musikinstrumente eignen sich gut.
Die Übung zur Beschreibung verschiedener Taschen (S. 49) hat zum Ziel, über eine in Einzel- oder Partnerarbeit erstellte Beschreibung die dazugehörige Tasche zu identifizieren. Hierzu liegt auch ein Spiel vor, das die Ausdrucksschulung fördert (AS_Spiel_Taschen). Die Schüler suchen bestimmte Merkmale für verschiedene Taschen, die sie per Bild in der Hand halten. Die Spielanleitung, die Bilder und Info-Kärtchen, die eine Vielzahl von Merkmalen enthalten, werden entsprechend der Gruppenanzahl vervielfältigt bzw. ausgedruckt. Wenn genügend Merkmale gesammelt wurden, kann mit deren Hilfe eine Beschreibung verfasst werden. Diese Beschreibungen werden am Ende vorgelesen und mit allen Bildern, auf deren Grundlage sie entstanden sind, verglichen und auf Richtigkeit und Ausführlichkeit geprüft.

AB_Plastik

AB_Plastik Text

Auf der CD ist die Übung „AB_Plastik“ enthalten. Sie enthält drei Bilder von Plastiken aus einem Park, die Merkmale gemeinsam haben, sich aber auch in Details unterscheiden. Durch Vorlesen des Textes (AB_Plastik Text) erhalten die Schüler Beschreibungselemente zu einer dieser Plastiken, und sie sollen erkennen, welche wirklich beschrieben wird. Das immanente Notieren von Informationen zu den drei Plastiken auf dem Arbeitsblatt während des Hörens schult die Konzentration und sichert Formulierungen für Details einer Plastik.

Wozu braucht man Beschreibungen?

Beschreibungen können

- eine Geschichte viel anschaulicher und spannender machen,
- jemandem etwas erklären,
- hilfreich sein, um etwas zu verstehen,
- helfen, um etwas tun zu können.

Deshalb finden wir sie nicht nur in unserem täglichen Leben, sondern auch beim Lesen und Schreiben von Texten.

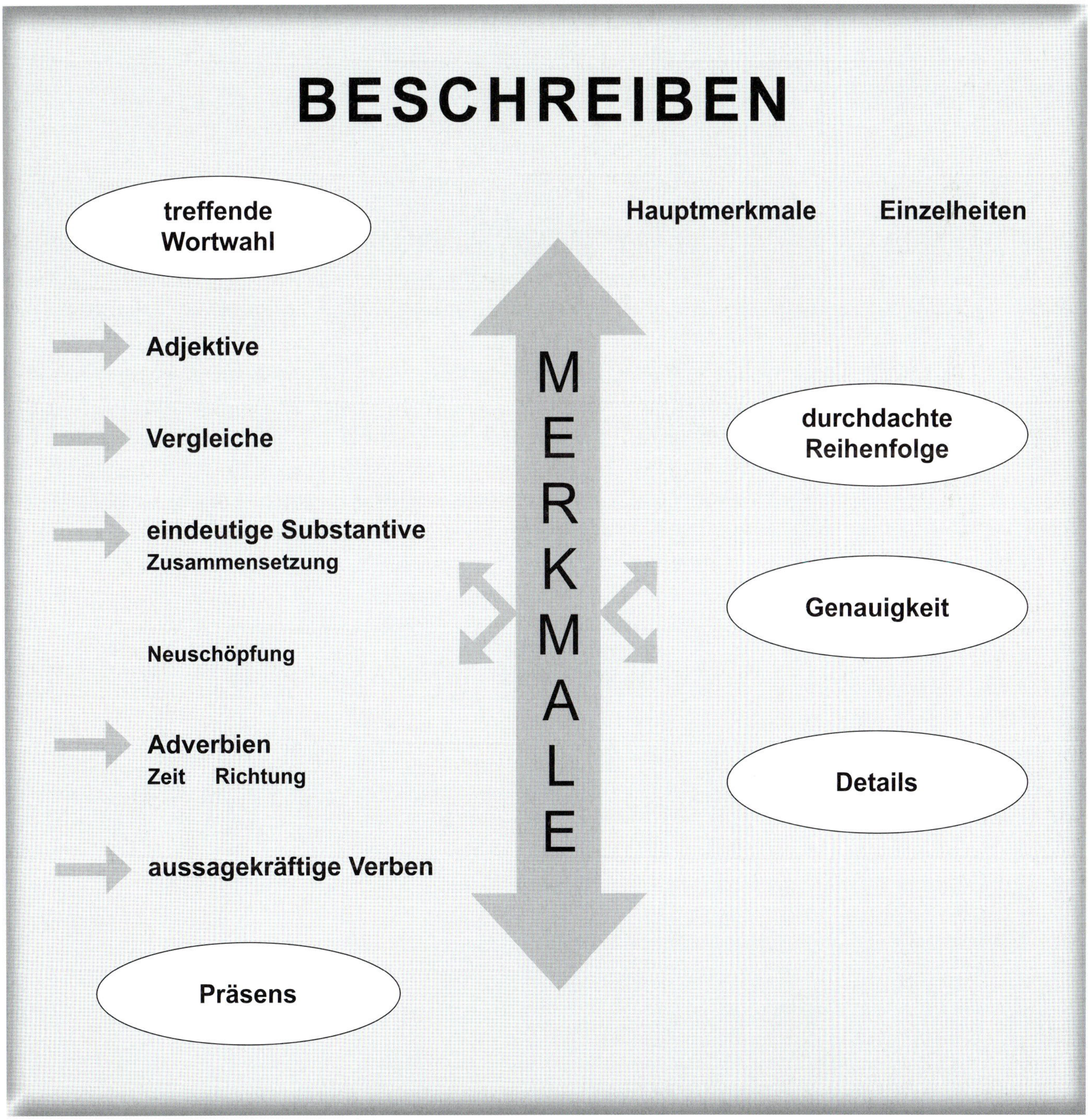

Beschreibungen finden

Eine berühmte Geschichte ist „Der kleine Hobbit“ von John Ronald Reuel Tolkien. Genau, das ist der Autor, der auch „Herr der Ringe“ geschrieben hat. Und „Der kleine Hobbit“ ist sozusagen der Vorläufer des „Herrn der Ringe“.

✦ Diese wunderschöne Geschichte enthält viele Beschreibungen, damit sich der Leser Fantasiefiguren und Fantasieorte auch wirklich vorstellen kann. Wenn das gut gelungen ist, könnte man die Figuren und Orte nach den Beschreibungen auch zeichnen.
Lies nun den Anfang des Buches „Der kleine Hobbit“ und mach dich auf die Suche nach Beschreibungen. Markiere diese Stellen im Text.

Der kleine Hobbit

Eine unvorhergesehene Gesellschaft

In einer Höhle in der Erde, da lebte ein Hobbit. Nicht in einem schmutzigen, nassen Loch, in das die Enden von irgendwelchen Würmern herabbaumelten und das nach Schlamm und Moder roch. Auch nicht etwa in einer trockenen Kieshöhle, die so kahl war, dass man sich nicht einmal niedersetzen oder gemütlich frühstücken konnte. Es war eine Hobbithöhle, und das bedeutet Behaglichkeit.

Diese Höhle hatte eine kreisrunde Tür wie ein Bullauge. Sie war grün gestrichen, und in der Mitte saß ein glänzend gelber Messingknopf. Die Tür führte zu einer röhrenförmig langen Halle, zu einer Art Tunnel, einem Tunnel mit getäfelten Wänden. Der Boden war mit Fliesen und Teppichen ausgelegt, es gab Stühle da von feinster Politur und an den Wänden Haken in Massen für Hüte und Mäntel, denn der Hobbit hatte Besucher sehr gern. Der Tunnel wand und wand sich, führte aber nicht tief ins Innere des Berges hinein, den alle Leute viele Meilen weit rund im Lande schlechthin „den Berg“ nannten. Zahlreiche kleine, runde Türen öffneten sich zu diesem Tunnel, zunächst auf der einen Seite und dann auch auf der anderen. Treppen zu steigen brauchte der Hobbit nicht: Schlafräume, Badezimmer, Keller, Speisekammern (eine Masse von Speisekammern), Kleiderschränke (ganze Räume standen ausschließlich für die Unterbringung seiner Garderobe zur Verfügung), Küchen, Esszimmer – alles lag an demselben langen Korridor. Die besten Zimmer lagen übrigens auf der linken Seite (wenn man hereinkommt), denn ausschließlich diese hatten Fenster, tiefgesetzte, runde Fenster, die hinaus auf den Garten blickten und über die Wiesen, die sich gemächlich hinab bis zum Fluss neigten.

Dieser Hobbit war ein sehr wohlhabender Hobbit, und sein Name war Beutlin. Die Beutlins hatten seit undenklichen Zeiten in der Nachbarschaft des „Berges“ gelebt, und die Leute hielten sie für außerordentlich achtbar – nicht nur weil die meisten der Beutlins reich, sondern weil sie noch nie in ein Abenteuer verstrickt gewesen waren und nie etwas Unvorhergesehenes getan hatten. Man konnte im Voraus sagen, was ein Beutlin auf eine Frage antworten würde, ohne dass man sich die Mühe machen musste, diese Frage wirklich zu stellen. Dies hier aber ist eine Geschichte von einem Beutlin, der trotzdem Abenteuer erlebte und sich selbst über völlig unvorhergesehene Fragen reden hörte. Vielleicht verlor er bei seinen Nachbarn an Ansehen, aber er gewann – nun, ihr werdet ja sehen, ob er am Ende überhaupt etwas gewann.

Die Mutter unseres Hobbits – was ist eigentlich ein Hobbit? Ich glaube, dass die Hobbits heutzutage einer Beschreibung bedürfen, da sie selten geworden sind und scheu vor den „Großen Leuten“, wie sie uns zu nennen pflegen. Sie sind (oder waren) ungefähr halb so groß wie wir und kleiner als die bärtigen Zwerge (sie tragen jedoch keine Bärte). Es ist wenig, sozusagen gar nichts von Zauberei an ihnen, ausgenommen die alltägliche Gabe, rasch und lautlos zu verschwinden, wenn großes dummes Volk wie du und ich angetapst kommt und Radau macht wie Elefanten, was sie übrigens eine Meile weit hören können. Sie neigen dazu, ein bisschen fett in der Magengegend zu werden. Sie kleiden sich in leuchtende Farben (hauptsächlich in Grün und Gelb). Schuhe kennen sie überhaupt nicht, denn an ihren Füßen wachsen natürliche, lederartige Sohlen und dickes, warmes, braunes Haar, ganz ähnlich wie das Zeug auf ihrem Kopf (das übrigens kraus ist). Die Hobbits haben lange, geschickte, braune Finger, gutmütige Gesichter, und sie lachen ein tiefes, saftiges Lachen (besonders nach den Mahlzeiten; Mittagessen halten sie zweimal am Tag, wenn sie es bekommen können). …

John R. R. Tolkien, *Der kleine Hobbit,* München 1974, Kapitel 1, S. 7–8

✦ Kreuze an, welche Angaben du beim Lesen dieses Textausschnittes gefunden hast.

- ❏ ausführliche Beschreibung der Hobbits
- ❏ enthält wenig Beschreibungen
- ❏ enthält viele anschauliche Beschreibungen
- ❏ die Hobbithöhle wird ganz genau beschrieben
- ❏ die Hobbithöhle wird nur von außen beschrieben
- ❏ Beutlins komplette Familie wird vorgestellt
- ❏ man erfährt etwas über Beutlins Hobby
- ❏ Hobbits können lautlos verschwinden
- ❏ ein Abenteuer wird erzählt
- ❏ die Beutlins waren schon immer reich
- ❏ Beutlins Mutter war eine schöne Frau
- ❏ das Hobbitland ist ein sehr grünes Land
- ❏ das Hobbitland wird beschrieben
- ❏ ein Hobbitgarten wird beschrieben
- ❏ enthält keine Beschreibungen
- ❏ Hobbits sind Abenteurer
- ❏ keine Erklärung zu den Hobbits
- ❏ Hobbits essen gerne
- ❏ Hobbits essen nicht gerne
- ❏ alle Hobbits haben Locken
- ❏ Hobbits brauchen kein Geld
- ❏ Hobbits sind reich
- ❏ Hobbits ziehen immer dasselbe an
- ❏ Bau einer Hobbithöhle

✦ Natürlich hast du herausgefunden, dass hier zwei Beschreibungen im Text enthalten sind. Schauen wir uns einmal ganz genau an, was beschrieben wird und wie. Suche gemeinsam mit einem Partner aus dem Text alle notwenigen Angaben heraus, um die Übersichten zu vervollständigen.

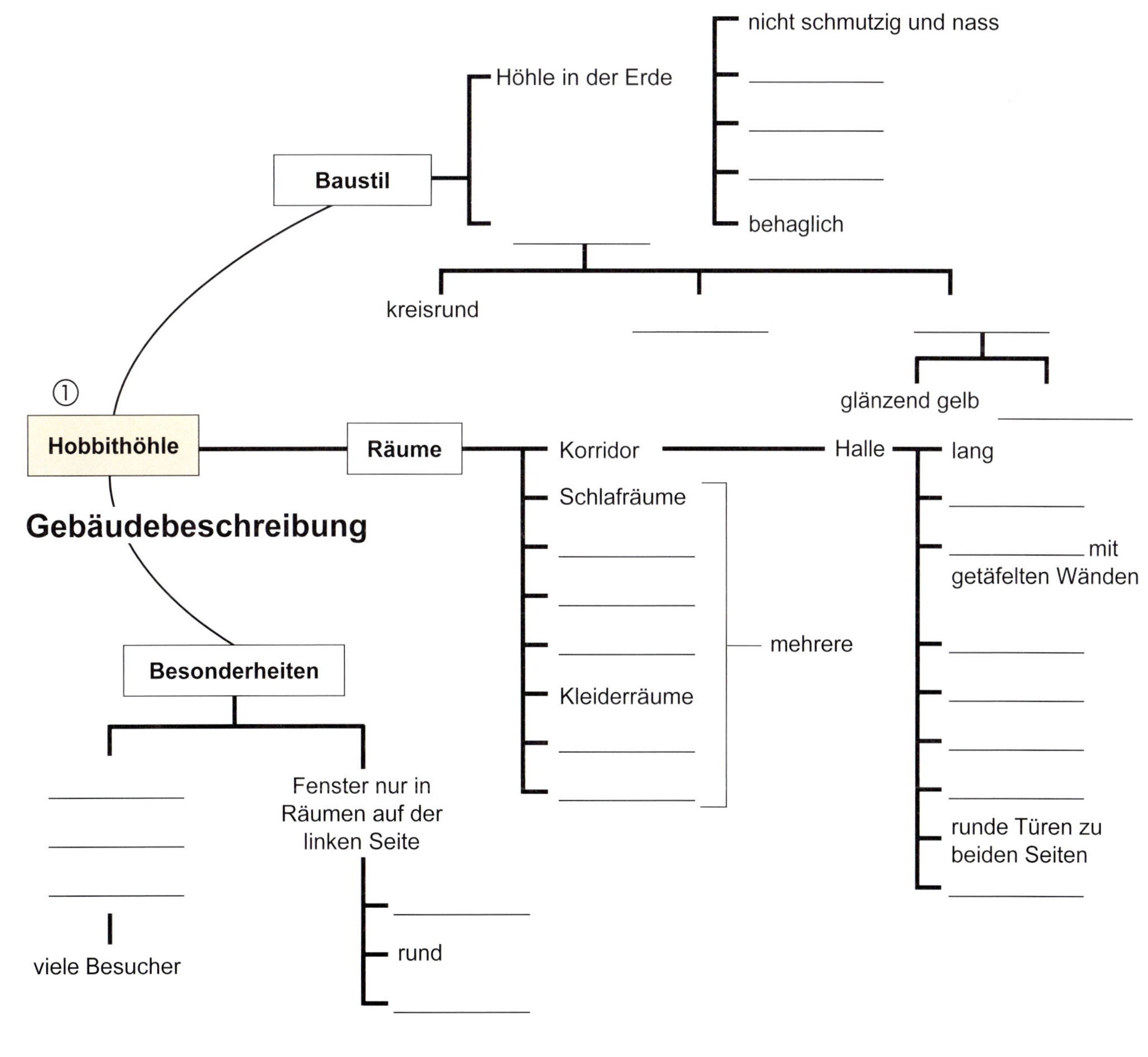

L

Beschreibungen nachvollziehen

Personenbeschreibung

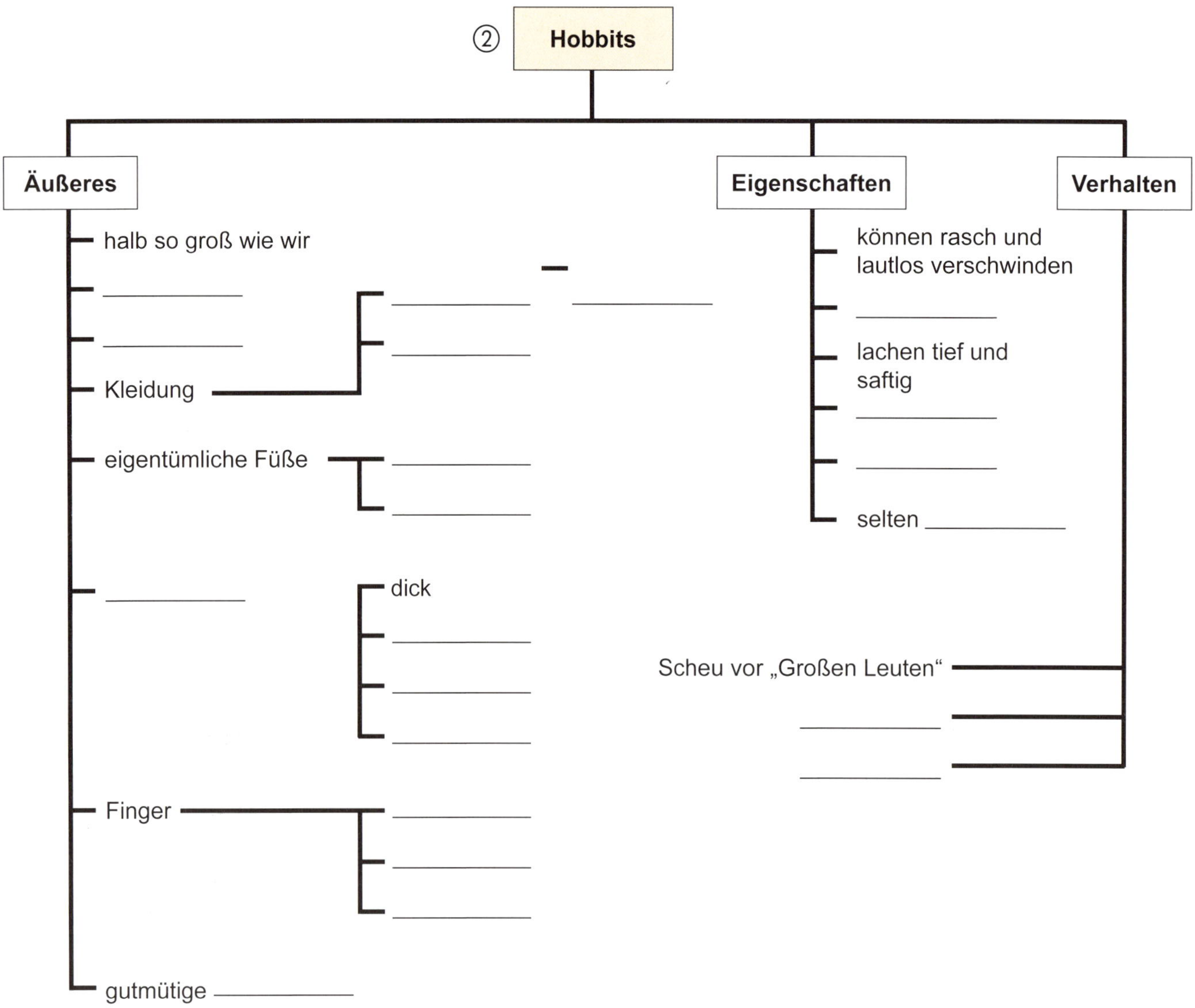

Sensibilisierung der Wahrnehmung

Etwas gut und anschaulich beschreiben zu können, ist für literarische Texte und Gebrauchstexte von elementarer Bedeutung. Möchte man die Fähigkeit zum Schreiben verbessern, sollte dies immer mit einer Sensibilisierung der Wahrnehmungsfähigkeit verbunden werden. Für ein erfolgreiches Schreiben und Beschreiben ist die Schulung und Entwicklung des Wortschatzes sehr wichtig.
Die folgenden Anregungen stellen keine kreativen Schreibaufträge dar, sondern sind als grundlegende Übungen für das Schreiben allgemein ebenso einsetzbar wie für das Beschreiben im Speziellen. Natürlich kann diese „Sinnesreise" Anlass für Schreibaufgaben bilden.

Sinnesparcours

Um möglichst viele Sinneskanäle anzusprechen und für Beschreibungen zu nutzen, bietet sich ein Sinnesparcours an (S. 18). In einem Stationsbetrieb werden den Schülern Übungen angeboten, bei denen sie jeweils ein Sinnesorgan isoliert einsetzen und ihre Wahrnehmungen anschließend schriftlich festhalten. Die Stationen müssen so beschaffen sein, dass sie nur ein Sinnesorgan ansprechen und alle anderen weitgehend ausblenden. Den Schülern muss mitgeteilt werden, dass sie den Parcours in aller Ruhe absolvieren sollen und dass es wichtig ist, sich für seine Wahrnehmungen Zeit zu lassen.
Die Aufgabenstellungen und Hinweise zur Vorgehensweise (S. 19) finden die Schüler an der jeweiligen Station, sodass Sie sich als Lehrer dort zurücknehmen und so die Eigenverantwortlichkeit in den Vordergrund rücken können. Es empfiehlt sich, die Schüler paarweise durch den Parcours gehen zu lassen, damit sie sich gegenseitig zur Hand gehen können, z. B. die Augen verbinden, die Hände führen, CD-Player einschalten.

Wahrnehmungsübung – Fühlen

An dieser Station finden die Schüler eine Fühlkiste (einfacher Karton) vor, die an einer Seite eine Öffnung hat und über die ein Tuch hängt. In der Kiste befinden sich verschiedene Gegenstände, die die Schüler ertasten und beschreiben sollen. Um die Intensität dieser Übung möglichst hochzuhalten, empfiehlt es sich, Gegenstände zu nehmen, die man nicht gleich mit der ersten oberflächlichen Berührung erkennt.

Uhren ertasten

In einem Sitzkreis (max. zehn Schüler) werden drei bis vier verschiedene Uhren durchgegeben. Mit verbundenen Augen werden diese ertastet. Ein „sehender" Partner notiert zu jeder Uhr die erfühlten Merkmale und Formen.
Anschließend liegen ca. zehn Uhren durcheinander auf einem Tisch. Welche wurden durchgereicht?

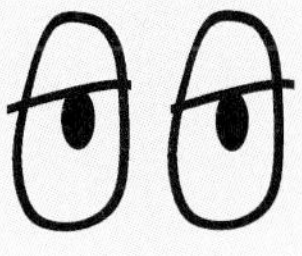

Wahrnehmungsübung – Sehen

An dieser Station geht es darum, genau zu betrachten und die Beobachtungen schriftlich festzuhalten.

AS_Wahrnehmungsübungen

Wahrnehmungsübung – Riechen

In fünf bis acht verschließbaren Glasgefäßen (oder Filmdosen) befinden sich verschiedene Düfte. In die Gläser kann man etwas Tee, Parfüm, Gewürze, Blüten, Hustensaft usw. geben. Besonderes Augenmerk sollte hierbei auch darauf gelegt werden, nicht nur Wahrnehmungen, sondern auch Erinnerungen zu den einzelnen Düften zu notieren. Das geht erstmals über die reine Wahrnehmung, die reine Beschreibung hinaus.

Wahrnehmungsübung – Hören

Voraussetzung für diese Station sind einige tragbare CD-Player. Sollten solche Player an der Schule nicht vorhanden sein, kann man die Schüler bitten, ihre eigenen Player mitzubringen. Neben CD-Playern eignen sich auch heute gängige MP3-Player, die fast jedes Kind besitzt. Als Übung hören die Schüler verschiedene Geräusche, an die sie sich später wieder erinnern und dann genau beschreiben sollen (CDs mit Geräuschen sind im Fachhandel erhältlich). Alternativ kann man einen Musiktitel aus dem Bereich der Entspannungsmusik aufspielen.
Die Schüler verteilen sich auf dem Schulgelände. Absolutes Schweigegebot! Sie notieren fünf Minuten lang, was sie hören, wie der Klang ist. Auch Gerüche und Gefühle, die sich einstellen, werden festgehalten.

Wahrnehmungsübung – Schmecken

Da bei dieser Übung Nahrungsmittel eingesetzt werden, ist es wichtig, im Vorfeld abzuklären, dass kein Schüler eine Allergie gegen eines der verwendeten Nahrungsmittel hat. Die Schüler tragen Augenbinden und probieren verschiedene, auf kleinen Tellern angerichtete Nahrungsmittel. Sinnvoll ist es, Nahrungsmittel aus verschiedenen Geschmacksrichtungen zu nehmen – süß, salzig, sauer, scharf ...

Nachdem der Einzelne den Sinnesparcours durchlaufen hat, geht er an seinen Arbeitsplatz zurück und beginnt damit, einen Text über seine „Sinnesreise" zu schreiben.
Die folgende Seite stellt einen möglichen „Wahrnehmungsparcours" vor.

Hinweise:
- Schüler nehmen Block und Schreibgerät mit auf die Reise
- nach jeder Station werden Notizen gemacht
  Alternative: Ein Begleiter notiert das Erfühlte, Geschmeckte ...
- Abschlusstexte vorlesen und Erfahrungen austauschen

Auf der CD finden Sie noch weitere Wahrnehmungsübungen (AS_Wahrnehmungsübungen).

Wahrnehmen und Beschreiben – ein Wahrnehmungsparcours

Eine wichtige Voraussetzung für das Beschreiben ist die Fähigkeit, Dinge, Personen und Geschehnisse, aber auch Geräusche und Gerüche genau und mit allen Sinnen wahrzunehmen. Die eigene Wahrnehmung kann man schulen. Dies wollen wir nun im Folgenden tun, um die daraus gewonnenen Erkenntnisse dann beim Beschreiben einzusetzen.

1. Wahrnehmungsübung – Fühlen

✦ Hier findest du eine Fühlkiste. Die Kiste ist an einer Seite mit einer Öffnung versehen, über die ein Tuch hängt. In der Kiste befinden sich verschiedene Gegenstände, die du ertasten und anschließend beschreiben sollst. Kannst du einen Gegenstand nicht benennen, musst du ihn umso genauer beschreiben. Um nur den Tastsinn zu beanspruchen, setzt du am besten eine Augenbinde auf und verwendest Ohrstöpsel.

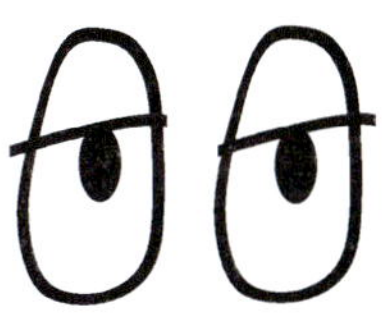

2. Wahrnehmungsübung – Sehen

✦ Hier siehst du fünf Gegenstände. Suche dir zwei davon aus, betrachte sie genau und halte deine Beobachtungen anschließend schriftlich fest.

3. Wahrnehmungsübung – Riechen

✦ Du findest hier fünf Gefäße, in denen sich verschiedene Düfte befinden. Verbinde deine Augen und verschließe auch deine Ohren mit Ohrstöpseln, um dich voll und ganz auf die Gerüche konzentrieren zu können. Notiere nach dem Riechen alles, was du wahrnehmen konntest, vor allem auch Erinnerungen, die du mit diesem Duft verbindest.

4. Wahrnehmungsübung – Hören

✦ Hier kannst du dir eine CD mit verschiedenen Geräuschen anhören. Notiere nach dem Hören aus dem Gedächtnis die Geräusche, an die du dich erinnerst.

5. Wahrnehmungsübung – Schmecken

✦ Nun darfst du einige Nahrungsmittel probieren. Verbinde zunächst deine Augen und koste dann die Speisen. Notiere anschließend deine Wahrnehmungen und Erinnerungen, die du mit dem Geschmack verbindest.

Die Personenbeschreibung

Bei einer Personenbeschreibung geht es darum, eine Person möglichst so anschaulich darzustellen, dass sich andere Menschen diese Person genau vorstellen können. Als Vorlage für deine Beschreibung kann auch ein Bild oder eine Erzählung dienen. Dabei solltest du das Typische und Auffällige dieser Person herausarbeiten.
Hierfür musst du Informationen für verschiedene Bereiche finden und genau formulieren.

✦ Notiere alle deine Ideen für die einzelnen Bereiche sofort, wenn du das Bild anschaust.

allgemeine Merkmale

Geschlecht

Alter

Eigenschaften

... die man kennt oder von Äußerlichkeiten ableiten könnte:

- besondere Fähigkeiten
- Hobbys
- Vorlieben / Gewohnheiten
- Charaktereigenschaften

äußere Erscheinung

... alles, was man sehen kann:

Größe

Statur / Körperbau
- Haltung

Bewegung

Kopf / Gesicht:
- Gesichtsausdruck
- Form
- Haare / Haarschnitt
- Augen
- Mund
- Kinn

Kleidung / Schmuck

Auffälligkeiten

- vom Allgemeinen zum Besonderen
- Ausdrucksmerkmale (Haltung, Gesichtsausdruck, Bewegung)
- Was unterscheidet ihn/sie von anderen?

typische Gewohnheiten ↓

Verhaltensweisen ↓

besondere Fähigkeiten ↓

... kann man von einem Bild nicht ablesen, sondern nur anhand von Äußerlichkeiten vermuten oder beschreiben, wenn man die Person selbst kennt oder etwas über sie erfahren hat.

Menschen anschaulich beschreiben

Menschen sind sehr unterschiedlich, du musst nur richtig hinschauen, um detailgenau beschreiben zu können: „kräftige Hände mit langen Fingern; gekräuselte braune Haare; wulstige Ohrläppchen ...“

✦ Ordne gemeinsam mit einem Partner die angebotenen Wörter den entsprechenden Körpermerkmalen zu. Ihr könnt die Begriffe auch mehrfach verwenden.
Ihr solltet die Figur zunächst auf ein großes Blatt übertragen, da ihr auch aus den nächsten Übungen die Begriffe noch zuordnen sollt.

✦ So entsteht eine Vielzahl von Beschreibungsmöglichkeiten, die ihr verwenden könnt, wenn ihr euch gegenseitig beschreibt.

Kopf

(In deinem Alter bist du ca. 6 Köpfe hoch!)

Statur

Achte auf die Länge der Arme! Vergiss nicht die Ellbogen ...

Hände

Die Gürtellinie kennzeichnet die Körpermitte.

Beine

Die Knie halbieren die Beine.

Füße

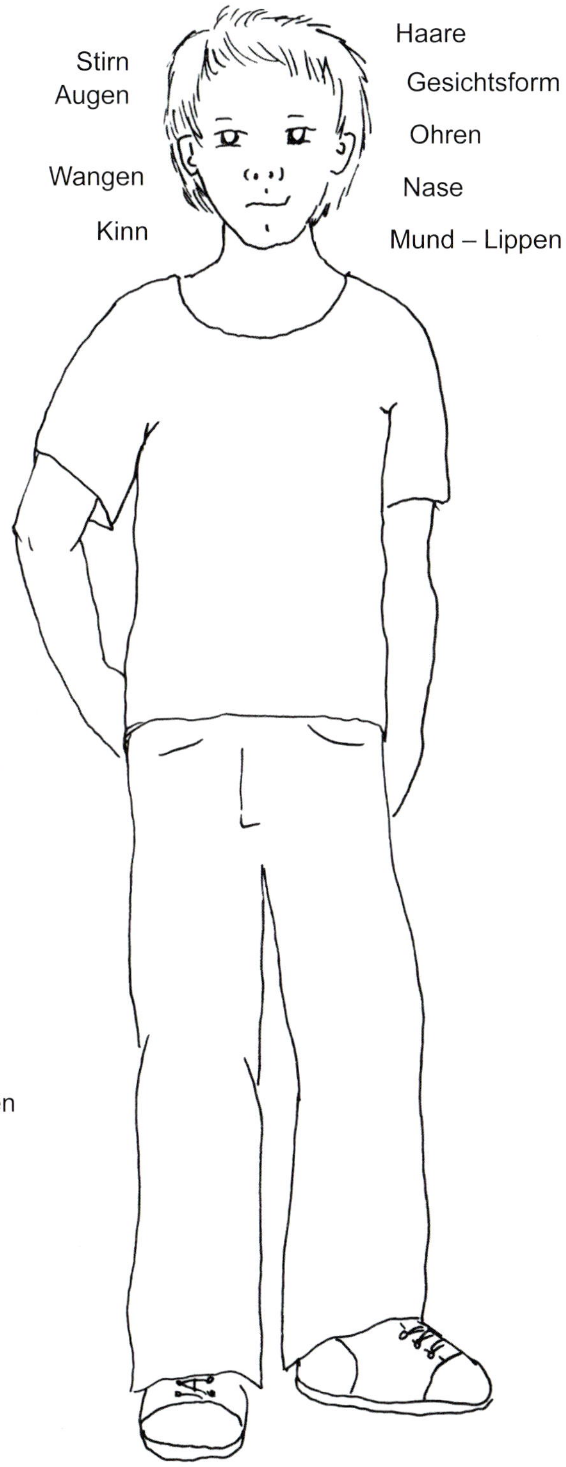

hoch niedrig gedrungen flach gewölbt breit kantig groß mandelförmig klein rund eng beieinanderliegend weit auseinanderliegend müde scharf geschwollen verschlagen strahlend stechend tief liegend hervorquellend eingefallen geschwungen schmal voll herzförmig wulstig verbissen verkniffen lächelnd kurz stoppelig halblang schulterlang hüftlang seidig fein drahtig fest glatt gelockt gewellt gescheitelt wirr ungekämmt gegelt gefärbt lang schütter spärlich borstig struppig kraus dunkel hell blond brünett grau locker wallend länglich rundlich oval hager spitz knochig eckig gerade krumm stupsig hakig gebogen vorspringend platt zierlich rosig üppig hängend straff gerötet blass fahl eingefallen blühend schlank O-Beine X-Beine dünn dick muskulös behaart gazellenhaft gepflegt grob fleischig grazil mager korpulent schmächtig untersetzt zart mollig massig kräftig derb breitschultrig sportlich elegant ebenmäßig unförmig knollig feingliedrig Doppelkinn markant fliehend vorgeschoben runzelig lang gezogen buschig

Gesichter, Gesichter!

Nichts ist bei Menschen so unterschiedlich wie die Form und Farbe der Augen, das Aussehen der Nase, die Haarfarbe und der Schnitt, die Form des Gesichts und des Kinns, der Augenbrauen … Die Köpfe sind „Montagen" dieser Vielfalt.

✦ Sammelt auf Blättern in Gruppen, was es zu entdecken gibt! Welche Gruppe findet am meisten Adjektive?

Gesichtsform:

Nase:

Haarschnitt / Haare:

Wangen:

Augen:

Mund / Lippen:

Augenbrauen:

Kinn:

Ohren:

Hals:

L

Anschaulich und flüssig beschreiben

✦ Für Beschreibungen sind anschauliche Bezeichnungen genauso wichtig wie flüssige Formulierungen. Du findest hier eine Auswahl für Personenbeschreibungen. Trage diese passend zum jeweiligen Oberbegriff ein!

Oberbegriff	Wort
Kleidung	
Inneres	
Frisur	
Äußeres	
Verhaltensweisen	
Einleitung	
Überleitungen/Satzanfänge	

sie ist erfüllt von, Kurzhaarschnitt, wellig, weit geschnitten, grünlich – hier und da ins Bläuliche übergehend, sie wirkt, der Blick verrät, den Blick schweifen lassen, geflochten, strähnig, glatt herunterhängend, figurbetont, eng anliegend, es zeichnet sich ... ab, sicher, gewiss, ich kann erkennen, man kann wahrnehmen, trendy, in sein, out sein, sie trägt, wird umhüllt, wird gehalten, kleidet sie, unterstreicht, aufrecht, Schlabberlook, zu groß, zu klein, steht ihr/ihm, auf den ersten Blick, sie sieht aus, weht im Wind, verrät, verhüllt, verdeckt, versteckt, hebt hervor, sie liebt, wenn man sich die Person anschaut, besonders auffällig, nicht zu vergessen, sie strahlt, man könnte vermuten, sie ist, um es kurz zu sagen, rund, es passt zu ihr, ihr Lächeln zeigt, ihr Lächeln ist, wenn ich es nicht besser wüsste, würde ich sagen ..., zusammengebunden, Strähnchen gefärbt, es ist mir nicht möglich, ..., es passt zusammen, die Augen verraten, Erdbeermund, wie der Struwwelpeter, mit Gel gestylt, schüchtern, Obstfan, Rad fahren, Grübchen am/auf, mit Spangen gehalten, nach hinten gekämmt, Ton in Ton, verjüngt, macht älter, lässt erscheinen, furchtlos, überheblich, sie kann, sie kleidet sich

AS_Folie_Figuren

Jetzt beschreibe ich! – Übung

✦ Suche dir nun eine dieser Personen aus und beschreibe sie. Um sicherzugehen, dass du alles beachtet hast, erhältst du eine Checkliste, mit deren Hilfe du deinen geschriebenen Text abgleichen bzw. überarbeiten kannst.
Natürlich kannst du zunächst selbst eine farbliche Gestaltung der Figuren vornehmen. Deine Mitschüler sollen nach deiner Beschreibung herausfinden können, welche Person du ausgewählt hast.

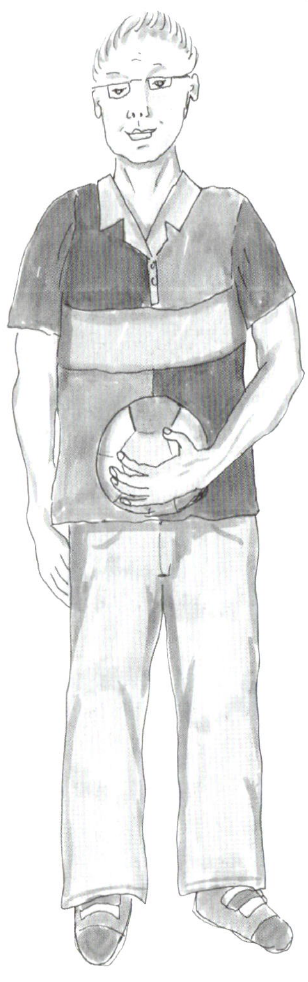

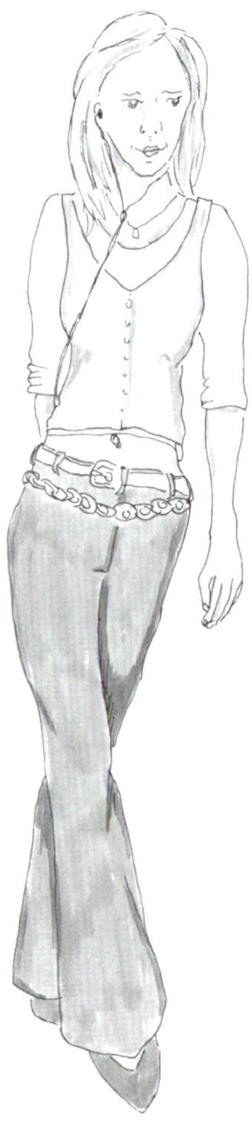

Checkliste – Beschreibung

- **Präsens**
- **vom Allgemeinen zum Besonderen**
- **äußere Merkmale:**
  – Körper/Figur
  – Kopf: Frisur
  Gesicht
  – Kleidung
- **Besonderheiten**
  – Gesichtsausdruck
  – Bewegung
- **Gewohnheiten, Verhaltensweisen**
- **treffende Adjektive**
- **genaue Bezeichnungen**

Personenbeschreibung – Informationen zusammenstellen

1. Vervollständige das Strukturbild auf der nächsten Seite, indem du die Informationen aus dem Text sowie wichtige Angaben, die du dort nicht gefunden hast, einträgst.

Helmut Ballot

Der Schüler Kurt Tulpe

Kurt Tulpe, Schüler, 10 Jahre alt. Behauptet, dass er von den Galliern abstammt. Das sagt er aber erst, seitdem er Asterix-Hefte liest. Er hat auch für sich ein Zauberzeichen erfunden: zwei gekreuzte Tulpen, deren Stielenden Speerspitzen sind. Das Zeichen ist überall leicht einzuritzen, in Schultische, Holztüren, Baumrinden und Häuserwände.
Widersacher erblassen, wenn sie die gekreuzten Tulpen an ihrer Haustür erblicken, denn Kurts Zauber ist allmächtig. Er ist einsvierunddreißig groß. Seine Schwester, die ein Jahr älter ist, ist einsfünfundvierzig groß, das ist ärgerlich. Jeden Morgen misst Kurt seine Größe am Türpfosten. Manchmal ist er über Nacht größer, manchmal kleiner geworden, je nachdem, wie er das Lineal über seinem Kopf ansetzt. In der Schule, während des Unterrichts, brütet er die meiste Zeit still vor sich hin, man könnte meinen, dass er aufmerksam zuhört. Aber wenn er aufgerufen wird, erschrickt er und weiß überhaupt nicht, worum es geht. Das liegt daran, dass er in Gedanken gerade einen gefährlichen Auftrag erledigt. Auf seinem letzten Schulzeugnis steht: Kurts Beteiligung am Unterricht lässt sehr zu wünschen übrig. Auch in der Turnstunde hat er Schwierigkeiten – trotz des nach dem Vorbild des Druiden* Miraculix zubereiteten, übermenschliche Kräfte verleihenden Zaubertranks. Beim Bocksprung über das quer gestellte Pferd nimmt er jedes Mal einen gewaltigen Anlauf, läuft dann aber drunter durch. „Hach! Wieder das falsche Bein!", sagt er dann ärgerlich. Sein bester Freund ist zur Zeit Achim Klinsky. In der Hauptsache deswegen, weil er mit Achim Asterix-Hefte tauscht. Achim ist schon einmal sitzengeblieben. Zu Hause besitzt Kurt eine Kiste mit Sehenswürdigkeiten: einen versteinerten Seeigel, das Gehäuse einer griechischen Landschildkröte, zwei leere Patronenhülsen, ein Stück Bernstein, einen Eberzahn, eine defekte Klappdeckeluhr mit römischem Zifferblatt, eine kleine, aus Speckstein geschnitzte mexikanische Gottheit und einige Gesteinsproben aus dem Harz. Die Sehenswürdigkeiten sind alle etikettiert, nummeriert und in einem handgeschriebenen Katalog aufgeführt. Gegen eine Gebühr kann man die Sehenswürdigkeiten besichtigen. Aber außer der Großmutter, Tante Lilo, Tante Erika und Onkel Albert hat noch nie jemand etwas bezahlt. Übrigens stammt Kurt neuerdings von außerirdischen Astronauten ab; das mit den Galliern ist längst überholt. Seit heute ist er auch nicht mehr einsvierunddreißig groß, sondern einssechsunddreißig – ohne zu mogeln.

*Druide: Priester des keltischen Volkes

Helmut Ballot, *Menschengeschichten.* Drittes Jahrbuch der Kinderliteratur, Hrsg. von H.-J. Gelberg, Weinheim/Basel, 1975

2. Formuliere nun eine ausführliche sachliche Personenbeschreibung, zu der du dein Strukturbild zu Hilfe nehmen kannst.
3. Versuche eine Freundin, einen Freund oder ein Elternteil nach der Art von „Der Schüler Kurt Tulpe" zu beschreiben. Sei dabei humorvoll und fair!

Personenbeschreibung mit Strukturbild

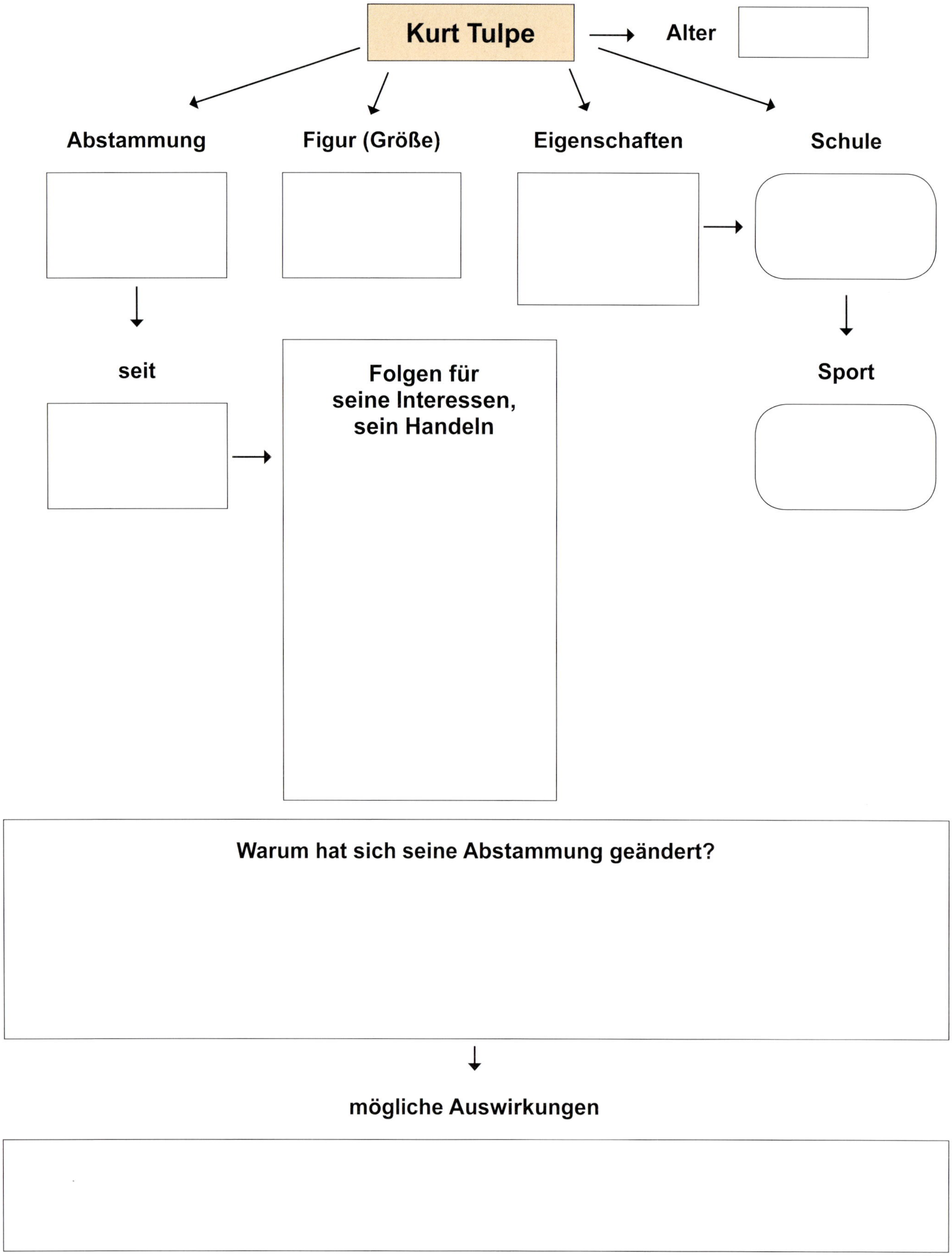

Die Tierbeschreibung

✦ Wenn man Tiere beschreiben möchte, dann muss man auch hier einige wichtige Merkmale sammeln und formulieren. Übe dies am Beispiel der Beschreibung eines Löwen.

Der Löwe	
Einordnung in die Tiergruppe	
Aussehen	
Lebensraum	
Lebensweise	

✦ Sammle in den nachfolgenden Texten Informationen und Hinweise zum Löwen, die du zum Beschreiben brauchst, und ordne sie in die entsprechende Spalte ein.

✦ Verfasse anschließend eine Beschreibung des Löwen.

Wissenswertes über den Löwen

✦ Markiere alle wissenswerten Informationen, um deine Tabelle auszufüllen.

① Löwen verpennen praktisch den ganzen Tag, achtzehn Stunden mindestens. Solange es hell ist, lassen die Raubkatzen sogar ihre Lieblingsspeise, eine ganze Gnuherde, unbehelligt in nächster Nähe grasen. Erst wenn die Sonne untergeht, kommt allmählich Bewegung in den faulen Haufen.

② Junge Löwenmännchen werden von ihrer Sippe verstoßen, wenn sie zwei bis drei Jahre alt sind. Mutterseelenallein streifen sie dann durch die Gegend, immer auf der Hut vor fremden „Revier-Königen". Weil sie meist schlechte Jäger sind, fressen sie, was sie finden: Straußeneier, Warzenschweine, tote Tiere.
Falls die „Junggesellen" in dieser Wanderzeit weder verhungert noch im Kampf getötet worden sind, schließen sich einige von ihnen mit etwa fünf Jahren zusammen. Gemeinsam versuchen sie dann, ein Rudel Weibchen zu erobern. Derjenige, der es schafft, einen Anführer zu vertreiben und dessen Stelle einzunehmen, tötet als Erstes sämtliche Jungen des Rudels.

③ Das ursprüngliche Verbreitungsgebiet des Löwen umfasste nicht nur Afrika, sondern auch das südliche Europa sowie Vorderasien und Indien. Heute ist die Verbreitung weitgehend auf das Afrika südlich der Sahara beschränkt. Nördlich der Sahara starb die Art in den 1940er Jahren aus.

④ Das Revier eines Löwenrudels umfasst 20 bis 400 km^2. Seine Grenzen werden mit Kot und Urin markiert, auch das weithin hörbare Gebrüll demonstriert den Anspruch der Revierinhaber.

⑤ Die Lebensdauer eines Löwen kann vierzehn bis zwanzig Jahre betragen. In der Regel erreichen jedoch nur Weibchen ein solches Alter.

⑥ Im Gegensatz zu den übrigen, eher einzelgängerischen Großkatzen, leben Löwen im Rudel. Ein solches Rudel besteht vor allem aus verwandten Weibchen. Die Größe des Reviers und die Anzahl der Beutetiere bestimmen dabei die Rudelgröße, die zwischen drei und dreißig Exemplaren liegen kann. Für gewöhnlich gibt es in einem Rudel ein bis drei ausgewachsene Männchen, die in der Rangordnung über dem Weibchen stehen.

⑦ Nach dem Tiger ist der Löwe die zweitgrößte Katze und damit das größte Landraubtier Afrikas. Ein Löwenmännchen hat eine Kopfrumpflänge von 180 Zentimetern, eine Schulterhöhe von etwa 120 Zentimetern und eine Schwanzlänge von rund einem Meter. Löwen haben ein kurzes, gelb-golden bis dunkelbraun gefärbtes Fell. Männliche Exemplare haben zudem eine lange Mähne, die meist dunkelbraun ist, aber auch schwarz, hellbraun oder rotbraun sein kann. Besonders lange und dunkle Mähnen sind ein Zeichen guter Verfassung und Kampfeskraft. Junge Löwen haben dunkle Flecken auf dem Körper, die aber schon während des ersten Lebensjahres verblassen.

⑧ Den Löwen fallen vor allem Jungtiere oder kranke Tiere zum Opfer. Da Löwen nicht gerade ausdauernde und schnelle Läufer sind, ca. 60 km/h auf Kurzstrecken, ist meistens die gemeinsame Jagd die einzige Möglichkeit, Beute zu erhaschen. Nur ca. jeder fünfte Jagdversuch ist dabei von Erfolg gekrönt. Zu den Beutetieren gehören vor allem Antilopen, Gazellen, Gnus, Büffel und Zebras, aber auch Hasen, Vögel und manchmal Fische.

Was ein Tier ausmacht

✦ Trage nun zusammen, was Haustiere anschaulich beschreiben hilft.
Denke dabei an verschiedene Haustiere und sammle für jedes Merkmal mehrere Informationen.

Einordnung des Tieres	Der, die, das ________ gehört zu den ____________________ ______________________________ ______________________________
Körperbau des Tieres	Der, die, das ________ hat ____________________ ______________________________ ______________________________
Körperbedeckung des Tieres	Der, die, das ________ ist überzogen mit ____________________ ______________________________ ______________________________
Fortbewegungsart des Tieres	Der, die, das ____________________ ______________________________ ______________________________
Lebensraum des Tieres	Der, die, das ________ lebt ____________________ ______________________________ ______________________________
Ernährungsweise des Tieres	Der, die, das ________ ernährt sich von ____________________ ______________________________ ______________________________
Tätigkeiten des Tieres	Der, die, das ____________________ ______________________________ ______________________________
Besondere Fähigkeiten des Tieres	Der, die, das ________ kann 60 km/h schnell rasen, ____________________ ______________________________ ______________________________
Besonderheiten eines bestimmten Tieres	Mein ________ hat ein weißes Pfötchen, ____________________ ______________________________ ______________________________

Die Katze

✦ Alle Katzen haben gemeinsame und unterschiedliche Merkmale.
Trage zusammen, worin sich diese vier Katzen unterscheiden und was sie gemeinsam haben.
Schau dir besonders die umliegenden Begriffe an und suche danach im Bild.

Ohren

Körpergröße

Blick

Fell

Körperteile

Augen

Schnurrhaare

Farben

Körperhaltung

Gemeinsamkeiten	Unterschiede

✦ Schreibe anschließend Sätze auf, in denen du mindestens zwei oder auch mehr Katzen miteinander vergleichst. Überlege dir das Merkmal der Tiere, das du vergleichen möchtest, und suche dann nach geeignetem Wortmaterial.

z. B.: Die Katze unten links ist genauso groß wie die oben rechts.

L – AS_Folie_Tieranschaffung

Ein Tier anschaffen und halten

✦ Du und deine Familie möchtet euch ein Haustier anschaffen. Suche dir ein Tier aus und informiere dich im Internet / im Tierheim / im Zoogeschäft / auf dem Reiterhof darüber, was du bei der Pflege und Haltung deines Wunschtieres beachten musst. Halte die wichtigsten Stichworte zunächst fest.

Wissenswertes zur Haltung einer/eines

____

✦ Formuliere eine Beschreibung zur artgerechten Haltung deines Tieres und stelle diese in der Klasse vor.

____

____

____

____

____

____

✦ Du kannst zu deinem Tier auch eine kleine PowerPoint-Präsentation erstellen.

Anleitung zur Tierhaltung

1. Ein Versorgungsplan für deinen Hund

In den Ferien möchtest du gerne ein paar Tage verreisen. Damit dein Hund in dieser Zeit von Freunden gut versorgt werden kann, stellst du einen Versorgungsplan auf.
Dieser soll zwei Übersichtsarten enthalten:
– übersichtliche Aufzählungen
– Tabellen
Die Informationen entnimmst du den folgenden zwei Artikeln „Die richtige Ernährung für den Hund" und „Die richtige Pflege für den Hund" auf dieser und der nächsten Seite.

Die richtige Ernährung für den Hund

Wenn du deinen Hund schon einige Zeit hast, wird dir sicherlich aufgefallen sein, dass er immer Hunger hat. Das darf dich aber nicht dazu verleiten, deinem Vierbeiner ständig etwas zu essen zu geben. Hunde haben nämlich kein natürliches Sättigungsgefühl und können deshalb bis zur Hälfte mehr fressen, als ihnen bekommt.
Für deinen Hund ist es am besten, wenn du ihm drei Mahlzeiten am Tag zu möglichst festen Zeiten – also morgens, mittags und abends – gibst. Dein Hund ist zwar ein leidenschaftlicher Fleischfresser, aber Fleisch alleine genügt nicht. Achte darauf, dass das Futter genügend Vitamine, Mineralstoffe, Fette und Eiweiß enthält. Fertigfutter ist gut für deinen Hund, denn es enthält schon fast alle Stoffe, die dein Hund braucht. Gut ist es, wenn du die Fertigmahlzeiten ergänzt durch Hundeflocken. Diese Flocken sind das pflanzliche Beifutter, das dein Hund benötigt. Es sollte etwa ein Drittel der Nahrungsmenge ausmachen.
Sorge stets für ausreichend frisches Wasser, das ungefähr der Zimmertemperatur entsprechen sollte, damit dein Hund genügend Flüssigkeit zu sich nimmt. Der Flüssigkeitsbedarf liegt pro Tag bei 40 bis 70 ml/kg Körpergewicht. Wenn dein Hund also ungefähr 20 kg wiegt, dann braucht er mindestens 1 Liter Wasser pro Tag.
Was du deinem Hund niemals geben solltest, sind Tischreste, Süßigkeiten, Knochen, ungekochte tierische Nahrungsmittel und scharfe Gewürze.

✦ Werte zunächst deinen Text aus, indem du wichtige Stellen markierst und hervorhebst. Unterschiedliche Farben können dabei zusätzlich helfen. Füge auch geeignete Unterüberschriften zu den Absätzen ein!
Erstelle dann aus diesen Informationen eine Liste, aus der klar wird, was du einem Hund niemals geben solltest:

1. **Tischreste**
2. ____________
3. ____________

✦ Gestalte dann eine Tabelle:

Richtige Ernährung		
morgens	mittags	abends

Aufzählung mit Nummern oder Punkten

- Schreibe zunächst alle Punkte untereinander, für jeden Stichpunkt eine neue Zeile.
- Jetzt markierst du mit der Maus die Zeilen und klickst in der Format-Leiste oben rechts in das Symbol. Siehe da, deine markierten Zeilen werden automatisch nummeriert.
- Wenn du noch einmal in das Symbol klickst, verschwinden die Nummern. Klicke jetzt in die Punktliste daneben.

Was siehst du? Alles klar.

- *Ein Tipp*: Beachte die Reihenfolge: Zuerst die Liste untereinander schreiben (ohne Nummern), dann die gewünschten Zeilen markieren und schließlich in der Formatleiste das gewünschte Symbol anklicken: Schreiben, Markieren, Klicken. Nicht umgekehrt.

2. Die richtige Pflege für den Hund

Viele Leute schaffen sich einen Hund an und wissen nicht, dass er neben der Versorgung mit Essen und Trinken auch sehr sorgfältig gepflegt werden muss.
Bei der Pflege muss man sich besonders um die Augen, das Fell, die Ohren, die Pfoten und die Zähne kümmern.

Die Augen
Bei Zugluft oder nach dem Schlaf bildet sich häufig ein Sekret in den Augenwinkeln des Hundes. Dieses kann mit einem fusselfreien Taschentuch entfernt werden.

Das Fell
Je nach Rasse ist das Fell eines Hundes lang- oder kurzhaarig. Durch Bürsten und Striegeln sollte es regelmäßig – möglichst täglich – gepflegt werden. Ist der Hund sehr schmutzig, muss das Fell mit einem besonderen Hundeshampoo gewaschen werden.

Die Ohren
Vorsicht, die Ohren des Hundes sind nicht nur sehr gut, sondern auch sehr empfindlich. Es empfiehlt sich, sie – wie beim Menschen auch – regelmäßig mit Babyöl und einem Wattebausch zu reinigen, aber bitte nur die Ohrmuschel und nicht das Innere des Ohres. Du könntest deinen Hund dabei verletzen.

Die Pfoten
Ist der Hund viel draußen herumgetollt, was ihm ja guttut, sollte man sich die Pfoten genauer ansehen. Sind die Ballen rau und rissig, sollten sie mit lauwarmem Wasser gewaschen und mit Vaseline eingecremt werden. Dies kann man auch vor einem Spaziergang machen, wenn man weiß, dass der Hund viel durch nasses und unwegsames Gelände läuft.
Einmal wöchentlich sollte man die Pfoten auf Fremdkörper untersuchen und die Haare zwischen den Pfoten kürzen. Vom Tierarzt sollte man sich zeigen lassen, wie man die Krallen kürzt. Wichtig ist, dass dein Hund viel Bewegung hat und du möglichst täglich mit ihm spazieren gehst.

Die Zähne
Es ist gut, wenn du deinem Hund einen Kauknochen kaufst, denn damit kann er seine Kauwerkzeuge selbst gut reinigen. Stellst du fest, dass sich an den Zähnen ein brauner Belag bildet, ist es gut, wenn du mit ihm deshalb zum Tierarzt gehst.

- ✦ Werte auch hier zunächst deinen Text aus, indem du wichtige Stellen markierst und hervorhebst. Unterschiedliche Farben können dabei zusätzlich helfen. Du kannst dies entweder zuerst hier auf dem Blatt machen oder – falls du zuerst am Computer arbeitest – kannst du die Hervorhebungen in der Datei „PCÜ_Hundepflege" vornehmen.
- ✦ Wo wäre eine Aufzählung sinnvoll?
  Entwerfe dann für eine Pflegeanleitung eine Tabelle mit fünf Überpunkten. Füge wesentliche Informationen des Textes in die Tabelle ein.

Beispiel:

Augen	Fell	...	...	...
Sekret mit ... entfernen				

Erstelle eine **Tabelle**, indem du die Schaltfläche aufrufst.
Es öffnet sich ein Fenster mit vielen Feldern.

- Markiere mit dem Mauszeiger so viele Felder nach rechts und nach unten, wie du für deine Tabelle brauchst.
- Wenn du nochmals klickst, wird die Tabelle in dein Dokument dort eingefügt, wo du die Textmarke hingesetzt hast.
- Es gibt noch andere Möglichkeiten, eine Tabelle zu erstellen, Spalten oder Zellen zu löschen, Zellen zu verbinden ...

Die Bildbeschreibung

✦ Gib zunächst deinen Eindruck von diesem Bild wieder. Sammle anschließend erste Informationen zu den angegebenen Aspekten einer Bildbeschreibung.

erster Eindruck

Stimmung

Vordergrund / Zentrum / Hintergrund

Details

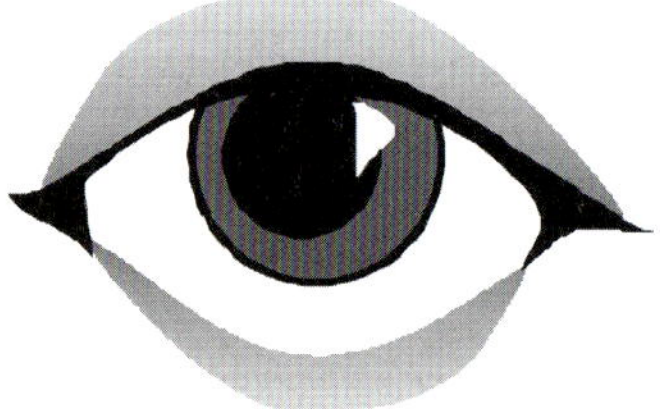

Farben

Lagebestimmungen

Aufbau einer Beschreibung

Reihenfolge

Alles, was man sehen kann – Naturbilder

1. Schau dir dieses Landschaftsbild genau an und notiere im ersten Schritt alles, was du darauf sehen kannst.
2. Beschreibe nun die einzelnen Bildelemente so genau wie möglich.
3. Füge hinzu, wo im Bild man all diese Dinge sehen kann.

Vordergrund rechts

sattes Grün

zum Wasser geneigt

Palmen

Himmel

etwa 2/3 des Hintergrundes

hauchdünne Wolkenschleier

stellenweise tiefblau

Stimmungen beschreiben

Ein Bild vermittelt immer auch eine Stimmung, die in der Einleitung einer Bildbeschreibung dargestellt werden muss.

✦ Welche Stimmung vermittelt dir das Bild auf S. 34? Wie wirkt das Bild auf dich?
Was fällt dir als Erstes ein, wenn du dieses Bild anschaust?
Mit der Beantwortung dieser Fragen kannst du den ersten Eindruck vom Bild wiedergeben.

1. Wähle zunächst aus den Angeboten das für dich Zutreffende aus und markiere es.
   Du darfst natürlich auch ergänzen.

Freiheit, Erholung, Ruhe, Stress, Party, Wärme, Abwechslung, Einsamkeit, Freunde, Geld, Traum, Ferne, Sturm, Unabhängigkeit, Liebe, Neugier, Veränderung, Schmerz, Paradies

fliehen, träumen, aufräumen, herumtollen, rennen, schlafen, faulenzen, erinnern, erkunden, wehen, rauschen, lachen, weinen, lauschen, stören, helfen, erzählen, beobachten, riechen, spüren

unbeschwert, ängstlich, laut, still, windig, barfuß, unerreichbar, paradiesisch, unberührt, rein, sauber, einsam, versteckt, abenteuerlich, angenehm, nass, schattig, heiß

✦ Wenn du den Gesamteindruck des Bildes wiedergeben möchtest, kannst du natürlich den Satz verwenden: *Ich finde das Bild ...* Meistens folgt dann das Wort „schön“. Aber leider ist dieses Wort für das Beschreiben nicht geeignet, denn es ist nicht aussagekräftig.

2. Versuche anschaulichere, lebendigere und vor allem aussagekräftigere Adjektive für den Begriff „schön“ zu finden und begründe. So erstellst du ein Muster-Wortfeld.

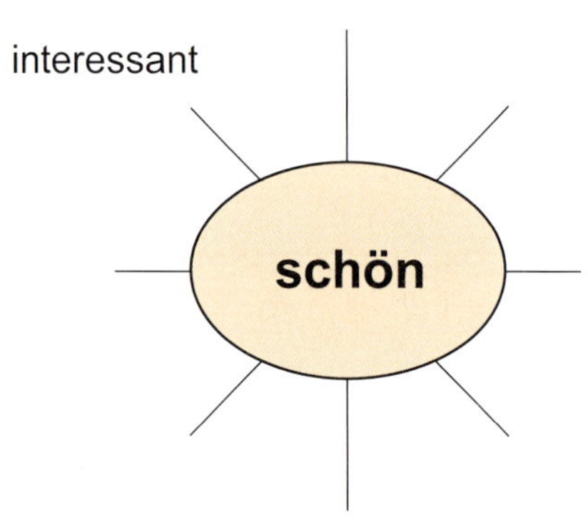

Einen Anfang und einen Schluss finden

3. Versuche nun, einen Anfang für deine Bildbeschreibung zu schreiben.
Vervollständige dazu die Sätze mit Hilfe des Wortmaterials zur Stimmung des Bildes und wähle dann den Satz aus, der dir am besten gefällt, weil er dem Leser bzw. Zuhörer am ehesten einen ersten Eindruck vom Bild vermittelt. Erweitere deine Einleitung noch um einen oder zwei Sätze.
Stellt die Einleitungen dann vor und besprecht in der Klasse, welche die gelungenste ist und warum.

Wenn man dieses Bild anschaut, ______________________________

______________________________. oder

Ich könnte mir gut vorstellen, ______________________________

______________________________. oder

Was wäre, wenn ______________________________

______________________________?. oder

Kannst du dir einen schöneren Ort vorstellen als ______________________________

______________________________? oder

Das vorliegende Bild lässt jeden ______________________________

______________________________.

✦ Ähnlich verzwickt wie mit dem Anfang ist es mit dem Schluss einer Beschreibung. Schließlich kann man nicht einfach beim letzten Beschreibungsdetail aufhören. Man muss seine Beschreibung abrunden und so wirklich zu Ende führen.

4. Bewerte die unten stehenden Schlusssätze mit dem vorgegebenen Schema und entscheide dich schließlich für einen dieser Schlüsse. Begründe deine Entscheidung.

Schlusssatz	**sehr gut**	**gut**	**verwendbar**	**nicht verwendbar**
Ich fand dieses Bild wirklich schön.				
Nun würde ich mir nur noch wünschen, genau jetzt an genau diesem Ort zu sein.				
So wie auf dem Bild stelle ich mir das Paradies vor.				
Ich finde, dieses Bild ist als Monatsbild für den August in einem Kalender gut aufgehoben.				
So, das war meine Bildbeschreibung.				
Beschreibe das Bild doch auch einmal, wenn du magst.				
Nach diesem Ausflug ins Paradies muss ich wieder zurückkehren, aus dem Fenster schauen und das graue Regenwetter sehen. Schade!				
So ein Bild zu beschreiben, macht keinen Spaß, wenn man nicht selbst einmal dorthin fahren kann.				
So, nun kannst du dir das Bild bestimmt gut vorstellen.				

Wie schreibe ich eine Bildbeschreibung?

1. Festhalten aller Beobachtungen

✦ Wenn du dir dieses Bild zum ersten Mal anschaust, rasen bestimmt viele Gedanken durch deinen Kopf. Diese solltest du unbedingt festhalten, um sie später in deiner Beschreibung verwenden zu können.

Was sieht man im Hintergrund?

Was sieht man im Vordergrund?

Was tun die Personen? Wie verhalten sie sich?

Auf die Reihenfolge kommt es an

2. Überlegungen zur sinnvollen Reihenfolge

Es gibt verschiedene Möglichkeiten, wie man beim Beschreiben eines Bildes vorgeht:

- von links nach rechts
- von oben nach unten
- von der Mitte zum Rand
- von vorne nach hinten

Fest steht dagegen die folgende Regel:

- immer vom Gesamteindruck ausgehen und dann im Detail beschreiben

✦ Wenn du dich entschieden hast, wie du beim Beschreiben vorgehen willst, brauchst du eine Menge Lagebezeichnungen, um alle Details ins Bild einordnen zu können. So wissen auch alle anderen, an welcher Stelle im Bild was zu sehen ist.
Suchen wir gemeinsam solche Formulierungen und schreiben sie an die entsprechende Stelle in diesem Bilderrahmen.

im Hintergrund

im Vordergrund

Auf die genauen Bezeichnungen kommt es an

3. Genaue Bezeichnungen

Oft verwendet man Begriffe, die viel zu allgemein sind und somit für die Bildbeschreibung, besonders für die Details, nicht geeignet sind.

✦ Ergänze die Lücken.

z. B. **In der Mitte steht ein <u>Mensch</u>.** Was für ein Mensch ist es?

→ Mann → Frau → Kind → Oma →

→ ein junger Mann → __________ → __________

→ __________ → __________ → __________

→ __________ → __________ → __________

→ __________ → __________ → __________

→ __________ → __________ → __________

✦ Bezeichne nun die Bildinhalte von S. 38 genau.

Raum:

Personen:

Atmosphäre:

Möbel:

✦ Nun kannst du das Bild mit der Schulklasse beschreiben. Denke daran, nicht jeden Satz mit „Das Bild …“ zu beginnen.

Gebäude beschreiben

✦ Ganz wichtig sind genaue Bezeichnungen auch bei Gebäuden, Wohnungen und Unterkünften, um sich vorstellen zu können, wie diese auf einem Bild aussehen könnten.
Ordne die folgenden Begriffe den einzelnen Gebäuden zu. Nimm Pfeile zu Hilfe.

Kirche
Fensterbogen
Veranda
Turmspitze
Schule
massiver Steinturm
Anbau
Hochhaus
rechteckige Fenster
Schießscharten
Glockenturm
Torbogen
Schiff
Doppeltür
Doppelfenster
Fensterreihe
Dachfenster
Einfamilienhaus
Gartenhaus
Turm
zweistöckig
dreistöckig
Geschosse

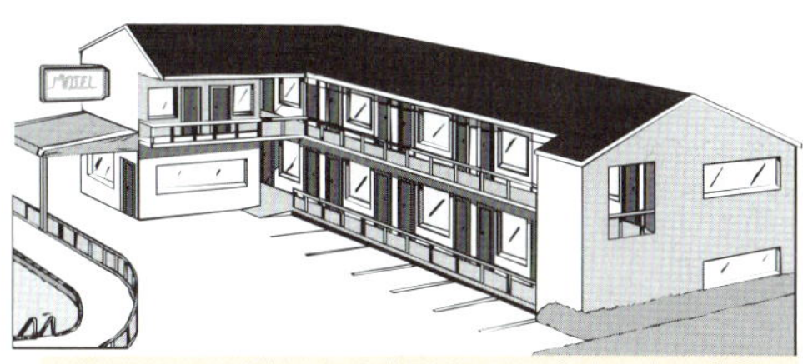

✦ Suche dir nun Begriffe, mit denen du für das jeweilige Gebäude folgende Details beschreiben kannst. Verwende für deine Liste diese Oberbegriffe: Größe • Funktion • Form • Baumaterial

✦ Verfasse anschließend eine Beschreibung für eines der abgebildeten Gebäude. Deine Mitschüler sollen erraten, welches es ist, und beurteilen, was in deiner Beschreibung gelungen oder was weniger gelungen war.

AS_Folie_Landschaft

Ein Landschaftsbild

✦ Verfasse eine Bildbeschreibung zu diesem Landschaftsbild. Sammle hierfür zunächst detaillierte Angaben, die du anschließend in einen Text verwandelst.

Stimmung:	Farben:	Beschreibungsreihenfolge:
Im Vordergrund:	In der Bildmitte:	Im Hintergrund:

Ein Gemälde beschreiben

✦ Beschreibe dieses Gemälde so, dass man sich die Bildinhalte und deren Anordnung genau vorstellen kann.

Pieter Brueghel, *Der Kampf zwischen Schwelgerei und Fasten,* Kollektion Kunsthistorisches Museum Wien

Mündlich beschreiben

✦ Sammle alle Informationen, die du zur Beschreibung dieser Bilder benötigst. Notiere sie neben den Bildern. Übe anschließend anhand deiner Notizen, die Bilder mündlich zu beschreiben. Achte darauf, dass du ganze Sätze formulierst.

Bernhard Fröhlich, 1877,
Kinder vor einem Bauernhaus

Dame Laura Knight (1877–1970)
Flying the Kite, 1910 (Ausschnitt)
National Galerie Südafrika

! Du kannst Infos sortieren und nummerieren, dann „vergaloppierst" du dich nicht beim Sprechen.

Gegenstandsbeschreibung

Einen Gegenstand mit dem Begriff „Ding“ zu bezeichnen, ist nun wirklich kein Kunststück. Aber um dieses „Ding“ möglichst so detailliert zu beschreiben, dass es sich jemand genau vorstellen, es nachzeichnen oder vielleicht sogar aus einer Menge von Gegenständen herausfinden kann, bedarf es vieler Informationen, die geschickt und verständlich in Worte gefasst werden müssen.

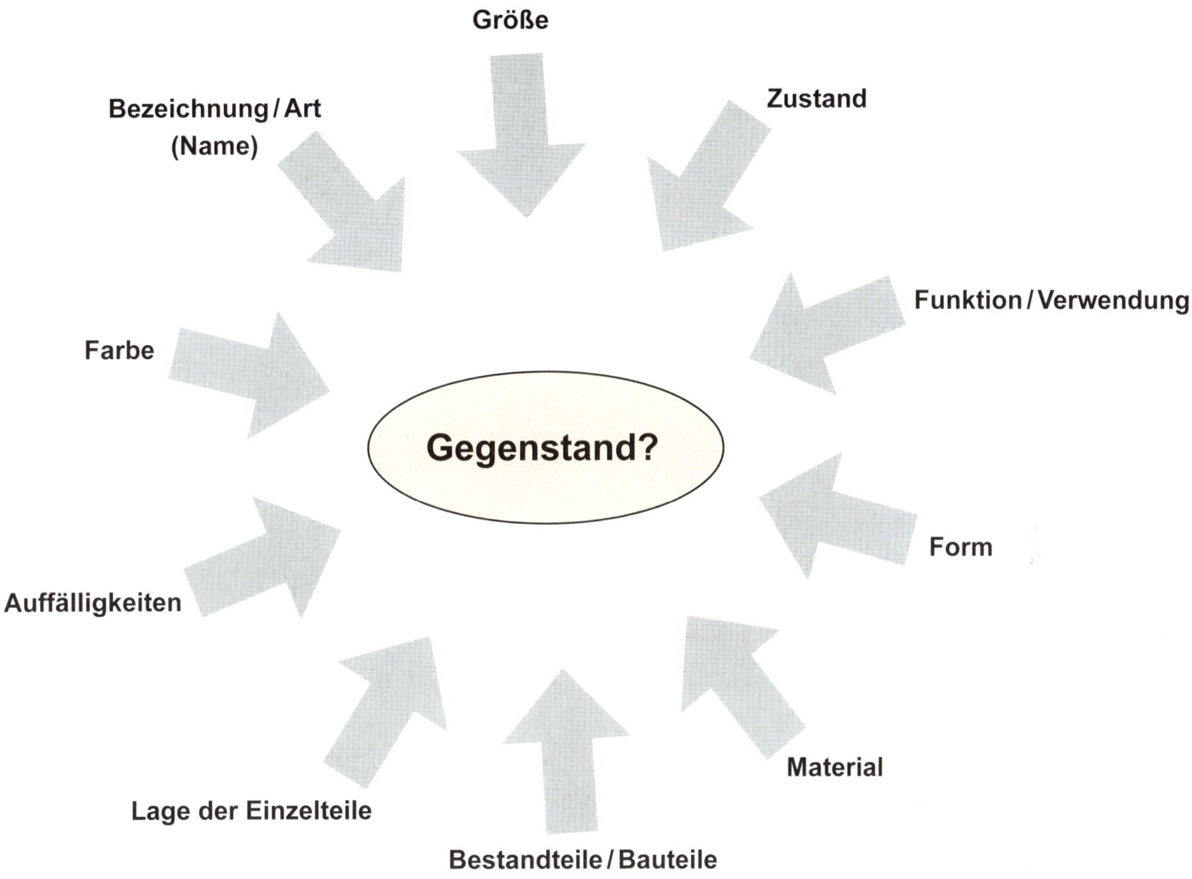

✦ Bei der Beschreibung eines Gegenstandes spielt auch die Reihenfolge eine Rolle, in der du die einzelnen Informationen nennst.
Versuche die Elemente aus obigem Schema in eine sinnvolle Reihenfolge zu bringen. Nummeriere.

Denkbar wäre auch:

→ von außen nach innen oder umgekehrt
→ von oben nach unten
→ vom Allgemeinen zum Besonderen
→ von der Mitte zum Rand
→ vom Großen zum Kleinen

Alle Gegenstände haben **allgemeine** und **besondere** Merkmale.

Allgemeine Merkmale sind solche, die alle Gegenstände dieser Art haben.

Besondere Merkmale sind solche, die nur dieser spezielle Gegenstand hat.

Eine Sitzgelegenheit und ihre Merkmale

Schauen wir uns nun verschiedene Sitzgelegenheiten an. Du siehst hier nur eine kleine Auswahl, es gibt noch viel mehr. Denke doch nur an dein Wohn- oder Jugendzimmer zu Hause.

✦ Trage allgemeine und besondere Merkmale von Sitzgelegenheiten zusammen.

Allgemeine Merkmale	Besondere Merkmale

Sitzgelegenheit ist nicht gleich Sitzgelegenheit

✦ Diese Silben ergeben Substantive (Nomen), mit denen man die oben abgebildeten Sitzgelegenheiten benennen kann.
Füge die richtigen Silben zusammen und ordne die entstandenen Wörter dem jeweiligen Bild auf der vorherigen Seite zu. Achte darauf, welche Wortart du bildest, wenn die Silben zusammengefügt werden, und richte danach die Groß- bzw. Kleinschreibung aus.

arm – bein – bü – chen – cker – dreh – drei – ess – fe – fern – gar – gie – ho – hoch – holz – kel – klapp – kon
kü – lehn – len – lounge – mer – re – renz – ro – scha – schau – seh – sel – sel – sel – sel – ses – ses – ses
ses – sit – stuhl – stuhl – stuhl – stuhl– stuhl – stuhl – stuhl – stuhl – stuhl – stuhl – stuhl – ten – zer – zim – zwei

____

____

____

____

____

Alle Wörter, die entstanden sind, zählen zu den **zusammengesetzten Substantiven.**

Zusammensetzungen sind Wörter, die aus zwei eigenständigen Wörtern gebildet werden.
Sie setzen sich zusammen aus einem

Bestimmungswort und einem **Grundwort**.
z. B. *Klapp-* *stuhl*

Das Bestimmungswort bestimmt das Grundwort näher. Man kann also fragen:

Was für ein ...?

In diesem Silbenrätsel waren insgesamt ______________ Grundwörter versteckt. Sie heißen ________

____

____

Alle Begriffe kann man den Bildern zuordnen, bis auf zwei, nämlich ______________________.

✦ Zeichne ein Bild von diesen fehlenden Sitzgelegenheiten, so, wie du sie dir vorstellst.

Formen

Für die Beschreibung bestimmter Einzelteile ist es ratsam, die Form genau zu bezeichnen. Dazu benötigt man Adjektive, die Formen beschreiben können.

✦ Kennst du Gegenstände oder einzelne Bestandteile von Gegenständen, die die folgende Form haben?

rund ____________________

rechteckig ____________________

tropfenförmig ____________________

bauchig ____________________

dreieckig ____________________

quadratisch ____________________

s-förmig ____________________

l-förmig ____________________

u-förmig ____________________

sternförmig ____________________

✦ Stell dir vor, du möchtest für deine Mutti zum Muttertag eine Vase aus Ton herstellen. Sie soll nicht groß sein, aber eine ganz bestimmte Form haben. Da du dich noch nicht entscheiden kannst, welche es sein soll, entwirfst du Skizzen, wie die Vase aussehen soll. Wie sieht eine Vase aus, die … ist?

oval

kugelförmig

herzförmig

spiralförmig

✦ Mach deine Mutti neugierig auf ihr Geschenk und beschreibe ihr diese Vase.

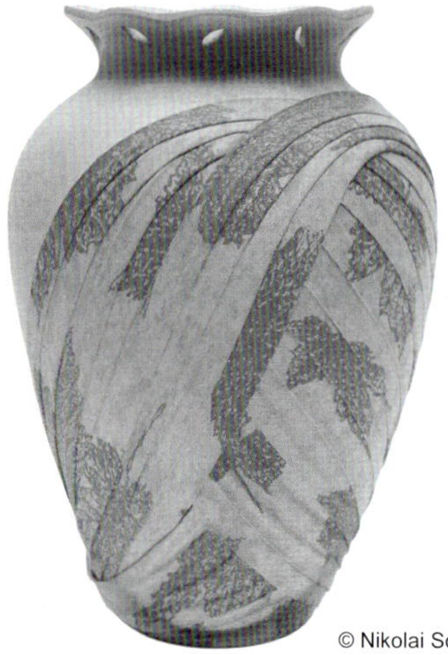